Nouveau
Cahier du jour
Cahier du soir

CE1 7-8 ans

Français

Auteur : **Michel Wormser,** *Professeur des écoles*
Directeur de collection : **Bernard Séménadisse,** *Maître formateur*

Ce cahier appartient à :

_____

_____

D1439534

MAGNARD

Présentation

• **Ce cahier de Français, destiné aux élèves de CE1, est conforme aux derniers programmes.**
Il reprend toutes les notions et couvre tous les domaines :
– Grammaire
– Vocabulaire
– Conjugaison
– Orthographe

• **La rubrique** « **J'observe et je retiens** » propose toutes les **règles**
et de nombreux **exemples.**

• **La rubrique** « **Je m'entraîne** » propose des **exercices progressifs** pour réinvestir
les acquisitions. Ils sont classés par ordre de difficulté (de ✶ à ✶✶✶).

➜ *Les corrigés détachables sont situés au centre du cahier.*

• À la fin de chaque page, l'enfant est invité à **s'auto-évaluer.**

• La rubrique « **Pour l'adulte** » donne des conseils pour guider au mieux l'enfant.

Un mémento avec l'essentiel à retenir en Français CE1 :
pour une mémorisation visuelle efficace !

➜ *À détacher au centre du cahier et à conserver toute l'année.*

Sommaire

Mémento visuel détachable

Corrigés détachables au centre du cahier

1 Majuscule, point et virgule

J'observe et je retiens

■ La phrase commence par une **lettre majuscule** et se termine par un point.

Exemple La petite fille mange une poire.

■ La **virgule** permet de marquer une pause dans la lecture d'une phrase.

Exemple Ce matin, la fillette a cueilli des cerises.

Je m'entraîne

1 ⋆ **Mets la majuscule et le point.**

1. ___e garçon mange une grappe de raisin

2. ___l jette les pépins du raisin

2 ⋆⋆ **Place les points et écris les majuscules.**

___athan et Clara partent à vélo cueillir des mûres___ ___haque enfant emmène avec lui un petit seau___ ___n peut faire cinq pots de confiture avec un seau plein de mûres___ ___ls ont mis un vieux pantalon et un tee-shirt à manches longues pour ne pas se faire piquer___ ___es buissons sont pleins d'épines___

3 ⋆⋆ **Place la virgule dans chaque phrase.**

Chaque hiver Lucas protège ses arbres fruitiers du froid. Il y a des fruits pourris dans le panier il faut les trier. En épluchant son fruit Léo s'est blessé au pouce. Cette nuit une violente tempête a fait tomber toutes les pommes de l'arbre.

4 ⋆⋆⋆ **Cette phrase a été découpée. Écris-la comme il convient.**

| la | . | on | des | confiture | Aujourd'hui | abricots | , | ramasse | pour |

→ _____

As-tu réussi tes exercices ?

Très bien ☐ **Assez bien** ☐ **Pas assez bien** ☐

2 Les types de phrases

■ La **phrase** déclarative donne une information. Elle se termine par **un point**.

Exemple   Il joue dans la chambre.

■ La **phrase** interrogative pose une question.
Elle se termine par **un point d'interrogation**.

Exemple   Est-ce qu'il joue dans la chambre ?

■ La **phrase** impérative donne un ordre.
Elle se termine souvent par **un point d'exclamation**.

Exemple   Joue dans la chambre !

Chaque type de phrase se termine par un **point différent**.

Je m'entraîne

1 ★ **Indique si les phrases sont :** déclarative, interrogative **ou** impérative.

1. Est-ce qu'il va à l'école ? _____

2. Tristan range ses jouets. _____

3. Lave tes mains ! _____

4. Est-ce que tu as bien dormi ? _____

5. Rangez vos affaires ! _____

6. Elle regarde des photos. _____

2 ★★ **Transforme ces phrases déclaratives en phrases impératives.**

Exemple : *Timoté rentre à la maison. → Rentre à la maison !*

1. On débarrasse la table. → _____

2. Vous ramassez les pièces du jeu. → _____

3. Tu éteins la lumière du couloir. → _____

4. Arthur marche sur le tapis. → _____

3 ★★★ **Transforme ces phrases déclaratives en phrases interrogatives.**

Exemple : *Virginie mange son dessert. → Est-ce que Virginie mange son dessert ?*

1. Il a terminé son livre. → _____

2. Les enfants regardent un film. → _____

3. Tu as fermé la porte à clé. → _____

4. Mes parents sont allés au cinéma. → _____

As-tu réussi tes exercices ?

Très bien ☐   Assez bien ☐   Pas assez bien ☐

3 Les formes de phrases

■ Une phrase à la **forme affirmative** indique que l'action se fait.

Exemple Je cueille ces fleurs.

■ Une phrase à la **forme négative** indique que l'action ne se fait pas.

Exemple Je **ne** cueille **pas** ces fleurs.

■ La **forme exclamative** exprime la joie, la colère, la surprise, la peur... Elle se termine toujours par **un point d'exclamation**.

Exemple Ces fleurs sentent bon !

La phrase négative peut commencer par « non ».

Je m'entraîne

1 ⋆ **Indique si les phrases sont à la forme** affirmative, négative **ou** exclamative.

1. Arthur n'arrose pas ses salades. _____

2. La pelouse n'est pas tondue. _____

3. Comme ces tomates sont bien rouges ! _____

4. Il nettoie ses outils. _____

5. Ce jardin est bien entretenu. _____

6. Ces roses sont magnifiques ! _____

2 ⋆⋆ **Transforme les phrases de la forme affirmative à la forme négative.**

Exemple : *La pluie fait pourrir les fruits. → La pluie **ne** fait **pas** pourrir les fruits.*

1. Maryse taille la haie de lauriers. → _____

2. Les branches dépassent du mur. → _____

3. Nous plantons des radis. → _____

4. Les figues sont mûres. → _____

3 ⋆⋆⋆ **Écris les phrases à la forme exclamative.**

Exemple : *Ce jardin est beau. → Que ce jardin est beau !*

1. Ces bambous poussent vite. → _____

2. Il est superbe, ton potager. → _____

3. J'ai peur des guêpes. → _____

4. Je n'aime pas l'odeur de cette plante. → _____

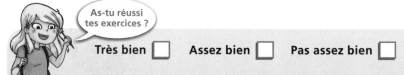

As-tu réussi tes exercices ?

Très bien ☐ Assez bien ☐ Pas assez bien ☐

4 Identifier le verbe

■ Pour identifier le verbe, on place en début de phrase les mots *hier, aujourd'hui, demain*. Le mot qui **change de forme** est le **verbe**.

Exemple

Aujourd'hui, maman arrose ses fleurs.
→ **Demain**, maman arrosera ses fleurs.
→ **Hier**, maman a arrosé ses fleurs.

■ On désigne un verbe par son **infinitif** (= son nom).

Exemple arrose, arrosera, a arrosé → *C'est le verbe* arroser.

■ On dit que le verbe **se conjugue**.

Je m'entraîne

1 ★ **Complète les phrases avec les étiquettes suivantes.**

| range | rangera | a planté | plante |

1. Aujourd'hui, le jardinier _____ ses outils.
2. Aujourd'hui, il _____ un arbre.
3. Demain, le jardinier _____ ses outils.
4. Hier, il _____ un arbre.

2 ★★ **Encadre le verbe dans chaque phrase.**

1. Le chat joue avec une souris en peluche.
2. Le chien tire sur sa chaîne.
3. Un escargot rampe sur la fenêtre.
4. Une araignée tisse sa toile.

3 ★★ **Écris à l'infinitif les verbes de l'exercice précédent.**

1. _____
2. _____
3. _____
4. _____

4 ★★★ **Récris les phrases en remplaçant le verbe par un verbe de ton choix.**

Exemple : *Le commerçant **décore** sa boutique.* → *Le commerçant **range** sa boutique.*

1. Le boulanger travaille le dimanche. → _____
2. Le peintre décolle le papier. → _____
3. Le facteur apporte le courrier. → _____

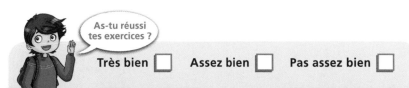

As-tu réussi tes exercices ?

Très bien ☐   Assez bien ☐   Pas assez bien ☐

5 Identifier le sujet du verbe

J'observe et je retiens

■ On trouve le **sujet** en posant la question *Qui est-ce qui... ?* devant le verbe.
Entre *c'est* et *qui* ou entre *ce sont* et *qui* se trouve le sujet.

Exemple 1 Le chat observe les oiseaux.

On pose la question :
Qui est-ce qui observe les oiseaux ?

C'est le chat **qui** observe les oiseaux.
Le chat *est le sujet du verbe* observer.

Exemple 2 Les oiseaux s'envolent.

On pose la question :
Qui est-ce qui s'envole ?

Ce sont les oiseaux **qui** s'envolent.
Les oiseaux *est le sujet du verbe* s'envoler.

Je m'entraîne

1 ★ **Transforme les phrases en posant la question** *Qui est-ce qui... ?*

Exemple : *Le jardinier trouve un escargot.* → Qui est-ce qui *trouve un escargot ?*

1. La limace mange les salades. → _____

2. Lisa ramasse des pommes. → _____

3. Les enfants sèment des radis. → _____

2 ★★ **Réponds aux questions de l'exercice précédent en utilisant les mots**
c'est... qui **ou** *ce sont... qui* **puis souligne le sujet.**

Exemple : *C'est* le jardinier *qui trouve un escargot.*

1. C'est _____

2. C'est _____

3. Ce sont _____

3 ★★★ **Encadre les verbes et souligne les sujets.**

1. La confiture attire les guêpes.

2. Ces papillons volent de fleur en fleur.

3. Johan observe une colonie de fourmis.

4. Un hérisson traverse l'allée.

5. Le canari siffle un air joyeux.

As-tu réussi tes exercices ?

Très bien ☐　　Assez bien ☐　　Pas assez bien ☐

6 Identifier le nom et les déterminants

■ Les **noms** servent à désigner des personnes, des animaux, des choses, des pays, des villes…

■ Les **déterminants** sont des petits mots situés devant les noms. Les déterminants *le, la, les, l', un, une, des* sont des **articles**.

Les noms de personne, de ville ou de pays s'écrivent avec une majuscule.

Exemples

Cette fille (*personne*) visite **la France** (*pays*).
Son frère (*personne*) veut voir **Paris** (*ville*) et prendre **le métro** (*chose*).

Je m'entraîne

1 ★ **Entoure les noms.**

Ce chat dort sur le divan. Il attrape les oiseaux et les souris. Ma copine s'appelle Élise. Cette fille habite dans mon immeuble. Son frère élève des rats et des hamsters. Mes voisins ont un chien et une tortue. Ces oiseaux n'ont pas peur. Ils viennent manger dans ma main.

2 ★★ **Souligne les déterminants et entoure les noms.**

La fillette entre dans un magasin. Elle regarde les jouets et s'arrête devant les vélos. Elle choisit une balle pour jouer avec ses raquettes. J'ai rangé ton camion dans le garage. Les garçons jouent avec mon ballon dans le jardin. Des enfants courent dans l'herbe.

3 ★★★ **Complète les phrases avec un nom accompagné d'un article.**

1. Le vent emporte _____.

2. J'ai montré _____ à mes copains.

3. _____ est tombé de la table.

4. Léna achète _____.

5. Il ferme _____ et regarde _____.

6. _____ achète _____.

Pour l'adulte

Les déterminants englobent les articles mais aussi les adjectifs possessifs (*mon, ton, son*) et démonstratifs (*ce, cet, cette*) qui seront étudiés au cycle 3.

As-tu réussi tes exercices ?

Très bien ☐   Assez bien ☐   Pas assez bien ☐

Identifier les adjectifs

J'observe et je retiens

■ L'**adjectif** donne **des renseignements** sur le nom qu'il accompagne.

Exemple

Comment est le camion ?

Le camion **neuf** est **rouge**.

■ L'adjectif peut être placé **avant** le nom ou **après** le nom.

Exemples

une **belle** voiture   un taxi **jaune**

Je m'entraîne

1 ⋆ **Entoure les deux adjectifs qui correspondent à chaque dessin.**

1. court
   silencieux
   cassé
   usé

2. jaune
   salée
   haute
   sucrée

3. grande
   noire
   neuve
   déchirée

2 ⋆⋆ **Souligne les adjectifs placés avant les noms.**

un gros orage – une violente tempête –
un épais brouillard – une forte pluie –
une petite averse – un beau nuage

3 ⋆⋆ **Souligne les adjectifs placés après les noms.**

un ciel bleu – une journée grise –
une neige épaisse – un temps humide –
un soleil brûlant – un hiver long –
un chat noir – un homme bavard

4 ⋆⋆⋆ **Écris un adjectif avant chaque nom.**

1. une _____ table
2. un _____ lit
3. une _____ porte
4. un _____ canapé

5 ⋆⋆⋆ **Écris un adjectif après chaque nom.**

1. une chaussure _____
2. une robe _____
3. un chapeau _____
4. un pull _____

┌─ **Pour l'adulte** ─────────
│ Aujourd'hui, on utilise simplement
│ le terme « adjectif », et non plus
│ « adjectif qualificatif ».

As-tu réussi tes exercices ?

Très bien ☐   Assez bien ☐   Pas assez bien ☐

8 Identifier le groupe nominal

J'observe et je retiens

■ Le **groupe nominal** peut être constitué d'un **article** et d'un **nom**.

Exemple
Le	**garagiste**	répare	**la**	**voiture**.
↑	↑		↑	↑
déterminant	nom		déterminant	nom

Le garagiste *est un* **groupe nominal** ;
la voiture *est un* **groupe nominal**.

■ Le groupe nominal peut aussi être constitué d'un **déterminant**, d'un **nom**
et d'**un** ou **plusieurs adjectifs**.

Exemple
Ma	**petite**	**voiture**	**rouge**	est en panne.
↑	↑	↑	↑	
déterminant	adjectif	nom	adjectif	

Ma petite voiture rouge *est un* **groupe nominal**.

Je m'entraîne

1 ⋆ **En n'utilisant chaque mot qu'une seule fois, forme quatre groupes nominaux.**

haute – malade – chaise – un – rouge – petite – le – chambre – une – la – camion – chat

_____

_____

_____

_____

2 ⋆⋆ **Entoure les groupes nominaux dans les phrases suivantes.**

1. Le petit garçon est malade.
2. Le train arrive dans la nouvelle gare.
3. Il jette ses feutres usés.
4. Mes bottes bleues sont percées.
5. Ton stylo rouge est sur la table basse.
6. Prête-moi ton vélo neuf.
7. Lucie va à la piscine couverte.
8. Un gros chien gris court derrière son maître.

3 ⋆⋆⋆ **Complète les phrases avec des groupes nominaux.**

1. _____ est couché dans son panier. 2. Le boulanger prépare _____.

3. _____ est arrivé le premier. 4. _____ regarde _____.

As-tu réussi tes exercices ?

Très bien ☐ Assez bien ☐ Pas assez bien ☐

9 Les pronoms

J'observe et je retiens

■ **Le pronom** est un mot qui **remplace le nom**.

• Un nom **au singulier** peut être remplacé par un **pronom au singulier** : il, elle.

Exemples **Simon** écoute une chanson. → **Il** écoute une chanson.
Éva écoute une chanson. → **Elle** écoute une chanson.

• Un nom au pluriel peut être remplacé par un **pronom au pluriel** : ils, elles.

Exemples **Les garçons** écoutent une chanson. → **Ils** écoutent une chanson.
Les filles écoutent une chanson. → **Elles** écoutent une chanson.

Je m'entraîne

1 ★ **Recopie les phrases en remplaçant les mots soulignés par un** pronom **singulier.**

1. Louise regarde ses photos. → _____

2. Tom range ses livres. → _____

3. Maman achète une revue. → _____

4. Le facteur apporte le journal. → _____

2 ★★ **Recopie les phrases en remplaçant les mots soulignés par** ils **ou** elles.

1. Les garçons jouent au foot. → _____

2. Les cars amènent les supporters. → _____

3. Les tribunes sont vides. → _____

4. Les spectatrices applaudissent les joueurs. → _____

3 ★★★ **Complète avec le pronom qui convient.**

1. La banque est fermée. _____ ouvre dans une heure.

2. Les taxis sont garés en file indienne. _____ attendent le client.

3. Les vendeuses sont occupées. _____ vérifient les prix sur les étiquettes.

4. Un nouveau magasin vient d'ouvrir. _____ ne vend que des objets d'art.

5. Le facteur vient de passer. _____ reviendra demain.

Pour l'adulte

À l'école élémentaire, on se limite maintenant à l'étude des pronoms personnels. Les autres pronoms (possessifs, démonstratifs) sont étudiés au cycle 4.

As-tu réussi tes exercices ?

Très bien ☐   Assez bien ☐   Pas assez bien ☐

10 Les compléments

J'observe et je retiens

■ Un **complément** est un groupe de mots qui peut apporter des **informations sur un nom**.

Exemple Le **voisin** de mon immeuble déménage. → *Le complément* de mon immeuble *apporte un renseignement sur le nom* **voisin**.

■ Un **complément** peut aussi apporter des **informations sur un verbe**.

Exemple Il **achète** une maison neuve. → *Le complément* une maison neuve *apporte un renseignement sur le verbe* **acheter**.

Je m'entraîne

1 ⋆ **Souligne le nom et entoure le complément du nom.**

une étagère en bois – des vêtements en coton – une caisse de vaisselle –

la porte de l'ascenseur – le camion de déménagement – des tasses à café –

les coussins du canapé – la table en verre

2 ⋆⋆ **Complète les noms avec un complément de ton choix.**

1. la table _____

2. des chaises _____

3. le tapis _____

4. un fauteuil_____

5. une lampe_____

6. l'escalier_____

3 ⋆⋆ **Souligne le verbe et entoure le complément du verbe.**

1. Il démonte son lit.

2. On vide les armoires.

3. Le déménageur porte une caisse de livres.

4. Ferme la fenêtre.

5. La voisine décroche ses rideaux.

6. Elle emballe sa vaisselle fragile.

4 ⋆⋆⋆ **Complète les noms et les verbes avec un complément de ton choix.**

1. Les cartons _____ s'empilent. **2.** Le chauffeur emmène _____ .

3. Je ramasse _____ . **4.** Le meuble _____ est vide.

5. La porte _____ gêne _____ . **6.** Les enfants _____

rangent _____ .

As-tu réussi tes exercices ?

Très bien ☐ **Assez bien** ☐ **Pas assez bien** ☐

11 Le masculin et le féminin

J'observe et je retiens

■ Les noms précédés par les déterminants **un, le, l'** … sont **masculins**.

■ Les déterminants **un, le, l'** sont des **articles masculins**.

Exemples

le chat
ce chat

un éléphant
l'éléphant

■ Les noms précédés par les déterminants **une, la, l'** … sont **féminins**.

■ Les déterminants **la, une, l'** sont des **articles féminins**.

Exemples

la souris
cette souris

une araignée
l'araignée

Je m'entraîne

1 ★ **Entoure le ou les déterminants qui conviennent.**

1. le
la
une

2. une
ce
la

3. le
un
l'

4. le
la
mon

2 ★ **Barre le ou les articles qui ne conviennent pas.**

1. la
le
un

2. le
la
une

3. l'
une
la

4. un
une
la

3 ★★ **Entoure les noms masculins.**

une mouche – un chien – la guêpe – le saumon – l'abeille – l'ours – la vache – une cigogne – le poisson – l'oiseau – l'escargot – le cheval – un serpent

4 ★★★ **Complète le tableau avec les mots suivants.**

le mouton – un cochon – la brebis
l'écureuil – l'hirondelle – une chenille
un papillon – la fourmi

Noms masculins	Noms féminins

Pour l'adulte

Nommez des objets autour de vous et demandez à l'enfant si le nom est masculin ou féminin.

As-tu réussi tes exercices ?

Très bien ☐ Assez bien ☐ Pas assez bien ☐

12 Le singulier et le pluriel

J'observe et je retiens

■ Le nom au **singulier** désigne une seule chose.
Il est précédé d'un déterminant singulier : *un, la, le, l', mon, ta, ce...*

Exemples

un chat
le chat

une voiture
la voiture

■ Le nom au **pluriel** désigne plusieurs choses.
Il est précédé d'un déterminant pluriel : *les, des, mes, nos, ces, trois...*

Exemples

des vélos
les vélos

des voitures
les voitures

Je m'entraîne

1 ⋆ **Barre les déterminants qui ne conviennent pas.**

1. des		2. une		3. la	
le		des		un	
un		les		l'	
les		la		les	

2 ⋆⋆ **Complète les phrases par un nom au singulier.**

1. Il mange _____ .   2. Elle achète _____ .

3 ⋆⋆ **Entoure les noms au pluriel.**

des chemises – un pantalon – l'écharpe – ta chaussette – les chaussures – des gants –
un pull – le manteau – la jupe – un chapeau – des bottes – mes robes

4 ⋆⋆⋆ **Complète le tableau avec les mots suivants.**

le tapis – le tableau – deux vases
des fleurs – une nappe – l'étagère
trois plantes – des meubles

Noms singuliers	Noms pluriels

As-tu réussi tes exercices ?

Très bien ☐   **Assez bien** ☐   **Pas assez bien** ☐

13 Le dictionnaire

J'observe et je retiens

■ Le dictionnaire indique la **classe** des mots, ainsi que leur **genre** et leur **nombre**.

Exemples

pomme : n.f. (*nom féminin*)

chien : n.m. (*nom masculin*)

vert : adj. (*adjectif*)

manger : v. (*verbe*)

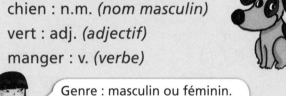

Genre : masculin ou féminin.
Nombre : un seul ou plusieurs.

■ Le dictionnaire renseigne sur le **sens** des mots.

Exemple

pomme :
• fruit du pommier, de couleur verte, jaune ou rouge ;
• accessoire de douche percé de trous par lesquels s'écoule l'eau.

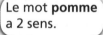

Le mot **pomme** a 2 sens.

Je m'entraîne

1 ⋆ **À l'aide du dictionnaire, écris la classe ainsi que le genre et le nombre de ces mots :** nom masculin, nom féminin, adjectif, verbe.

1. chaise : _____

2. fendre : _____

3. lent : _____

4. petit : _____

5. sable : _____

6. gagner : _____

2 ⋆⋆ **Retrouve dans un dictionnaire le sens de ces mots puis écris pour chacun d'eux s'il s'agit d'un** animal, **d'un** meuble, **d'un** métier **ou d'un** arbre.

1. ginkgo : _____

2. boudeuse : _____

3. marte : _____

4. cordier : _____

3 ⋆⋆⋆ **Écris deux sens différents pour chacun des mots suivants.**

1. souris : _____

_____

2. baguette : _____

_____

3. glace : _____

_____

Pour l'adulte
Cherchez avec l'enfant d'autres mots qui ont plusieurs sens.

As-tu réussi tes exercices ?

Très bien ☐   Assez bien ☐   Pas assez bien ☐

14 Les mots de la même famille

J'observe et je retiens

■ Dans une **famille de mots**, tous les mots ont une partie commune.

Exemple

Ces mots sont des mots de la famille de jardin.

{ jardin
  jardinage
  jardiner
  jardinier
  jardinière }

■ On peut former des mots de la même famille en ajoutant **une partie au début ou à la fin** du mot.

Exemples

laver → relaver
voir → revoir } re- *indique que l'on fait l'action de nouveau.*

faire → défaire
coller → décoller } dé- *indique le contraire.*

lait → laitier ; laiterie

Je m'entraîne

1 ★ **Souligne la partie commune des mots de chacune de ces familles de mots.**

1. dentier – dentaire – dentiste – dent – dentifrice – dentition – édenté
2. journée – journal – journaliste – jour – journalier – bonjour – aujourd'hui
3. sauterelle – sauteur – saut – saute-mouton – sautiller – sautoir – sursauter

2 ★★ **Dans chaque liste, barre le mot qui ne fait pas partie de la famille de mots.**

chant	montagne	grandir	place
chanteur	montage	grandeur	placard
chanter	montée	grange	remplaçant
chantier	montagnard	agrandir	déplacer

3 ★★★ **Écris des mots nouveaux en ajoutant** re- **à ces mots.**

charger – former – geler – poser – lacer – loger – boutonner – couper

4 ★★★ **Écris des mots nouveaux qui indiquent le contraire des mots de l'exercice 3.**

— Pour l'adulte —
Des mots de la même famille doivent avoir un sens commun.
Exemple, dans cette liste, patineur – patient – patinoire : patient est un intrus.

As-tu réussi tes exercices ?

Très bien ☐   Assez bien ☐   Pas assez bien ☐

15 Les synonymes

J'observe et je retiens

■ Les **synonymes** sont des mots qui ont à peu près le **même sens**.

Exemples

une voiture → une auto – un véhicule
un vélo → une bicyclette – un cycle

■ Les synonymes permettent **d'éviter les répétitions** dans les phrases ou les textes.

Exemples

Ce **camion** est **gros**. → Ce **véhicule** est **énorme**.
Ce **bateau** est **joli**. → Ce **navire** est **superbe**.

Je m'entraîne

1 ★ **Relie chaque mot au synonyme qui lui correspond.**

1. vitesse •   • a. choc
2. avion •   • b. aéroplane
3. automobile •   • c. cyclomoteur
4. accident •   • d. rapidité
5. moto •   • e. berline

2 ★★ **Trouve un synonyme pour chacun des mots suivants.**

1. maison : _____   2. chaussure : _____   3. enfant : _____

4. médecin : _____   5. journal : _____   6. crayon : _____

3 ★★ **Entoure les synonymes des mots en couleur.**

1. **ami** : copain – camarade – adversaire – compagnon

2. **donner** : distribuer – offrir – refuser – fournir

3. **grand** : immense – minuscule – gigantesque – haut

4. **navigateur** : marin – matelot – pêcheur – sous-marin

4 ★★★ **Recopie les phrases en remplaçant le verbe *faire* par un synonyme.**

Exemple : *Il **fait** de la guitare. → Il **joue** de la guitare.*

1. Il fait un gâteau. → _____

2. Arthur fait une photo. → _____

3. Virginie fait un château de sable. → _____

As-tu réussi tes exercices ?

Très bien ☐   Assez bien ☐   Pas assez bien ☐

16 Le présent des verbes du 1er groupe (1)

■ Les verbes qui ont un **infinitif** en **-er** sont des verbes du **1er groupe**.

Exemples
jouer – tomber – pleurer

■ Avec les pronoms **il** ou **elle**, les verbes du 1er groupe se terminent par **-e** au présent.

Exemples
Il joue.
Elle tombe.

■ Avec les pronoms **ils** ou **elles**, les verbes du 1er groupe se terminent par **-ent** au présent.

Exemples
Ils tombent.
Elles pleurent.

Je m'entraîne

1 ⋆ **Écris l'infinitif des verbes.**

1. Les enfants débarrassent (_____) la table. **2.** Naël lave (_____) son vélo. **3.** Le chien tire (_____) sur sa laisse. **4.** Les ouvriers coupent (_____) un arbre.

2 ⋆⋆ **Colorie le verbe qui convient.**

1. Elle | efface | | effacent | le tableau.
2. Il | dessine | | dessinent | une fusée.
3. Il | range | | rangent | sa trousse.

3 ⋆⋆ **Écris la terminaison des verbes au présent.**

1. Ils écout_____ la musique.   **2.** Elles parl_____ à voix basse.   **3.** Ils racont_____ une histoire.

4. Elles regard_____ les images. **5.** Ils rang_____ les livres.   **6.** Elles colori_____ le dessin.

4 ⋆⋆⋆ **Écris au présent les verbes entre parenthèses.**

1. *(découper)* Elles _____ des photos de poupées.

2. *(coller)* Ils _____ des images d'avions sur leur cahier.

3. *(décorer)* Elle _____ son cahier avec des étoiles.

4. *(afficher)* Les enfants _____ les dessins sur les murs.

5. *(arracher)* La fillette _____ une page de son livre.

6. *(plier)* Il _____ son dessin en deux.

As-tu réussi tes exercices ?

Très bien ☐   Assez bien ☐   Pas assez bien ☐

17 Le présent des verbes du 1er groupe (2)

J'observe et je retiens

■ Avec **je** (ou **j'**), la terminaison des verbes du 1er groupe est **-e**.

■ Avec **tu**, la terminaison des verbes du 1er groupe est **-es**.

Exemples

Je mange un bonbon.
J'aime les confiseries.
Tu manges un bonbon.

■ Avec **nous**, la terminaison des verbes du 1er groupe est **-ons**.

■ Avec **vous**, la terminaison des verbes du 1er groupe est **-ez**.

Exemples

Nous aimons les bonbons.
Vous mangez des bonbons.

Je m'entraîne

1 ⋆ **Écris devant chaque verbe le pronom qui convient : je – j' ou tu.**

_____ chante – _____ parles – _____ joues – _____ crie – _____ appelle – _____ salues – _____ dînes – _____ pense – _____ grimpes – _____ gratte – _____ achète – _____ allumes

2 ⋆ **Écris devant chaque verbe le pronom qui convient : nous ou vous.**

_____ glissons – _____ fermez – _____ pesez – _____ oublions – _____ poussez – _____ passons

3 ⋆⋆ **Écris au présent les verbes entre parenthèses.**

1. *(ramasser)* Tu _____ des coquillages à marée basse.

2. *(promener)* Je _____ mon chien sur la plage.

3. *(effacer)* J' _____ mes traces de pas sur le sable.

4 ⋆⋆⋆ **Relie chaque pronom au verbe qui lui correspond.**

Je •   • joues aux cartes dans ta chambre.

J' •   • terminez un puzzle de mille pièces.

Tu •   • achète un nouveau jeu de société.

Nous •   • rangeons chaque jeu dans sa boîte.

Vous •   • gagne souvent au jeu de dominos.

─ Pour l'adulte ─
Demandez à l'enfant de conjuguer oralement un verbe du 1er groupe en respectant l'ordre des personnes de la conjugaison.

As-tu réussi tes exercices ?

Très bien ☐   Assez bien ☐   Pas assez bien ☐

18 Le présent des verbes *être* et *avoir*

Être	Avoir
Je **suis**	J' **ai**
Tu **es**	Tu **as**
Il/Elle/On **est**	Il/Elle/On **a**
Nous **sommes**	Nous **avons**
Vous **êtes**	Vous **avez**
Ils/Elles **sont**	Ils/Elles **ont**

Exemple Il **est** au cinéma.

Exemple Ils **ont** froid.

Personnes du **singulier** : je, tu, il, elle, on.
Personnes du **pluriel** : nous, vous, ils, elles.

Je m'entraîne

1 ★ **Complète par un pronom.**

_____ sommes

_____ suis

_____ es

_____ sont ⟩ en retard.

_____ êtes

_____ est

2 ★ **Complète par un pronom.**

_____ as

_____ avez

_____ ai

_____ ont ⟩ peur.

_____ avons

_____ a

3 ★★ **Complète avec le verbe *être* au présent.**

1. Vous _____ au gymnase.

2. Elle _____ à la montagne.

3. Je _____ en avance.

4. Nous _____ au spectacle.

5. Tu _____ à Paris.

6. Ils _____ devant la télévision.

4 ★★ **Complète avec le verbe *avoir* au présent.**

1. Nous _____ les mains sales.

2. J' _____ un nouveau vélo.

3. Il _____ un gros rhume.

4. Vous _____ mal au ventre.

5. Tu _____ un petit chat.

6. Elles _____ l'air triste.

5 ★★★ **Complète avec le verbe *être* ou avec le verbe *avoir* au présent.**

1. Aujourd'hui, Eva _____ sept ans ! 2. Ses amies _____ à l'heure pour son anniversaire.

3. « J' _____ hâte de souffler mes bougies ! » annonce Eva.

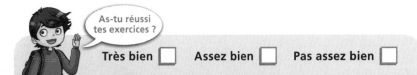

As-tu réussi tes exercices ?

Très bien ☐   Assez bien ☐   Pas assez bien ☐

19 Le présent du verbe *aller*

J'observe et je retiens

Aller
Je **vais**
Tu **vas**
Il/Elle/On **va**
Nous **allons**
Vous **allez**
Ils/Elles **vont**

Exemple

Je vais chez le dentiste.

Exemple

Vous allez à la patinoire.

Je m'entraîne

1 ★ Écris le pronom singulier qui convient.

Il   va

_____   vais

_____   vas   au marché.

_____   va

2 ★ Écris le pronom pluriel qui convient.

Elles   vont

_____   allons

_____   vont   à Paris.

_____   allez

3 ★★ Complète avec *aller* au présent.

1. Je _____ à la bibliothèque.

2. Il _____ chez le coiffeur.

3. Tu _____ dans le jardin.

4. Elle _____ dans sa chambre.

4 ★★ Complète avec *aller* au présent.

1. Nous _____ dans la cour.

2. Vous _____ au gymnase.

3. Elles _____ déjeuner.

4. Ils _____ se laver.

5 ★★★ Complète les phrases avec le verbe *aller* conjugué au présent.

1. « Je _____ écrire à Mamie », déclare Gaël.

2. « Et toi, tu _____ le faire quand ? » dit-il à sa sœur.

3. « Ce n'est pas la peine », répond-elle. « Nous _____ la voir bientôt. »

4. « Elle _____ venir la semaine prochaine avec grand-père », rappelle papa.

5. « Ils _____ prendre l'avion.

6. Vous _____ pouvoir leur raconter des tas de choses. »

As-tu réussi tes exercices ?

Très bien ☐   Assez bien ☐   Pas assez bien ☐

20 Le présent des verbes *dire* et *faire*

20

J'observe et je retiens

Dire	Faire
Je **dis**	Je **fais**
Tu **dis**	Tu **fais**
Il/Elle/On **dit**	Il/Elle/On **fait**
Nous **disons**	Nous **faisons**
Vous **dites**	Vous **faites**
Ils/Elles **disent**	Ils/Elles **font**

Exemple
Nous disons « au revoir ».

Exemple
Elle fait un dessin.

Je m'entraîne

1 ⋆ **Écris le pronom qui convient.**

_____ dis

_____ disons

_____ dit   « merci ».

_____ dites

_____ disent

2 ⋆ **Écris le pronom qui convient.**

_____ fais

_____ fait

_____ faites   la cuisine.

_____ font

_____ faisons

3 ⋆⋆ **Complète avec *dire* au présent.**

1. Vous _____ « bon appétit ».

2. Elle _____ de partir.

3. Je _____ ce que j'ai vu.

4. Ils _____ de s'abriter de la pluie.

5. Nous _____ des mensonges.

4 ⋆⋆ **Complète avec *faire* au présent.**

1. Tu _____ de la marche.

2. Nous _____ du sport.

3. Il _____ la sieste.

4. Elles _____ un jeu de société.

5. Vous _____ la vaisselle.

5 ⋆⋆⋆ **Complète le texte avec le verbe *dire* ou le verbe *faire* au présent.**

1. Quel désordre ! *(dire)* _____ maman. **2.** Je *(faire)* _____ ton lit pendant que tu *(faire)* _____ tes devoirs. **3.** Tes copains *(faire)* _____ trop de bruit. **4.** Je ne sais pas comment vous *(faire)* _____ pour vivre dans un tel fouillis ! **5.** Tu *(dire)* _____ que le bruit te gêne pour travailler. **6.** Tes sœurs *(dire)* _____ que ta musique les dérange. **7.** Vous *(dire)* _____ tous la même chose.

As-tu réussi tes exercices ?

Très bien ☐   **Assez bien** ☐   **Pas assez bien** ☐

21 Le présent des verbes *venir* et *prendre*

J'observe et je retiens

Venir	Prendre
Je **viens**	Je **prends**
Tu **viens**	Tu **prends**
Il/Elle/On **vient**	Il/Elle/On **prend**
Nous **venons**	Nous **prenons**
Vous **venez**	Vous **prenez**
Ils/Elles **viennent**	Ils/Elles **prennent**

Exemple **Elles viennent** à l'école à pied.

Exemple **Ma cousine prend** souvent le train.

Je m'entraîne

1 ★ Complète par un pronom.

_____ viens

_____ viennent

_____ venons   à Paris.

_____ vient

_____ venez

2 ★ Complète par un pronom.

_____ prend

_____ prenez

_____ prends   un livre.

_____ prennent

_____ prenons

3 ★★ Complète avec *venir* au présent.

1. Je _____ te voir.

2. Elles _____ d'arriver.

3. Nous _____ dans une heure.

4. Il _____ en voiture.

5. Tu _____ voir le film.

4 ★★ Complète avec *prendre* au présent.

1. Tu _____ l'air.

2. Nous _____ des vacances.

3. Il _____ son vélo.

4. Elles _____ le même chemin.

5. Vous _____ du pain et du beurre.

5 ★★★ Complète avec le verbe *venir* ou le verbe *prendre* au présent.

1. – Tu *(venir)* _____ jouer au ballon ? demande Anaïs.

2. – Oui, je *(venir)* _____ avec ma sœur et je *(prendre)* _____ mon ballon, dit Max.

3. – Est-ce que les autres enfants de la classe *(venir)* _____ aussi ? demande Leïla.

4. – Oui et ils *(prendre)* _____ aussi leurs ballons, répond Anaïs.

As-tu réussi tes exercices ?

Très bien ☐   Assez bien ☐   Pas assez bien ☐

22 Le présent des verbes *pouvoir, vouloir* et *voir*

J'observe et je retiens

Pouvoir	Vouloir	Voir
Je **peux**	Je **veux**	Je **vois**
Tu **peux**	Tu **veux**	Tu **vois**
Il/Elle/On **peut**	Il/Elle/On **veut**	Il/Elle/On **voit**
Nous **pouvons**	Nous **voulons**	Nous **voyons**
Vous **pouvez**	Vous **voulez**	Vous **voyez**
Ils/Elles **peuvent**	Ils/Elles **veulent**	Ils/Elles **voient**

Exemples
1 Elle **peut** jouer.
2 Nous **voulons** sortir.
3 Tu **vois** un film.

Je m'entraîne

1 ⋆ Écris l'infinitif des verbes en gras.

1. Vous **pouvez** _____ nager. **2.** Elles **veulent** _____ faire du vélo. **3.** Je **veux** _____ aller à la plage. **4.** Tu **vois** _____ cet oiseau. **5.** Nous **voyons** _____ les fleurs. **6.** Il **peut** _____ gagner la course.

2 ⋆⋆ Complète par un pronom.

_____ peut
_____ peuvent ⟩ courir vite.
_____ peux

3 ⋆⋆ Complète par un pronom.

_____ voulez
_____ veut ⟩ des bonbons.
_____ voulons

4 ⋆⋆ Complète par un pronom.

_____ vois
_____ voient ⟩ un avion décoller.
_____ voyons
_____ voit

5 ⋆⋆⋆ Écris le verbe *pouvoir* au présent.

1. Tu _____ compter jusqu'à mille.
2. Nous _____ ranger la bibliothèque.
3. Je _____ venir te voir demain.

6 ⋆⋆⋆ Écris le verbe *vouloir* au présent.

1. Vous _____ manger un dessert.
2. Il _____ mettre son pull vert.
3. Nous _____ écouter cette musique.

7 ⋆⋆⋆ Écris le verbe *voir* au présent.

1. Nous _____ un match de tennis.
2. Tu _____ tes grands-parents.
3. Ils _____ un défilé.

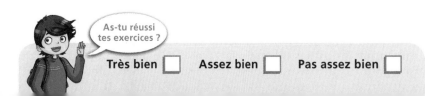

As-tu réussi tes exercices ?

Très bien ☐　　Assez bien ☐　　Pas assez bien ☐

23 L'imparfait des verbes du 1er groupe

Terminaisons
Je -ais
Tu -ais
Il/Elle/On -ait
Nous -ions
Vous -iez
Ils/Elles -aient

■ À l'**imparfait**, les verbes du 1er groupe (terminaisons en **-er**) se conjuguent en remplaçant la terminaison **-er** de leur infinitif par les terminaisons du tableau.

Exemples

1 Hier, je **chant**ais, tu **jou**ais et on s'**amus**ait.

2 Il y a deux jours, nous **dans**ions, vous **écout**iez de la musique et ils **applaudiss**aient.

Je m'entraîne

1 ★ **Écris le pronom singulier qui convient.**

_____ marchais

_____ marchais   sur le sable.

Elle *marchait*

_____ marchait

2 ★ **Écris le pronom pluriel qui convient.**

_____ sautions

_____ sautiez

_____ sautaient   sur les rochers.

Elles *sautaient*

3 ★★ **Complète avec *pêcher* à l'imparfait.**

1. Je _____ des crevettes.

2. Tu _____ un crabe.

3. Il _____ des sardines.

4. Elle _____ la daurade.

4 ★★ **Complète avec *porter* à l'imparfait.**

1. Nous _____ les valises.

2. Vous _____ des livres.

3. Ils _____ un cartable.

4. Elles _____ un sac à main.

5 ★★★ **Écris à l'imparfait les verbes entre parenthèses.**

1. Le mois dernier, nous *(fêter)* _____ mon anniversaire. **2.** Mes cousins *(arriver)* _____ par le TGV de 10 heures. **3.** Mon frère *(préparer)* _____ un gâteau au chocolat. **4.** Vous *(apporter)* _____ des jus de fruits. **5.** Tu *(décorer)* _____ la table avant l'arrivée des invités.

6. Je *(souffler)* _____ mes huit bougies devant tout le monde.

As-tu réussi tes exercices ?

Très bien ☐   **Assez bien** ☐   **Pas assez bien** ☐

24 L'imparfait des verbes *être* et *avoir*

J'observe et je retiens

Être	Avoir
J' **étais**	J' **avais**
Tu **étais**	Tu **avais**
Il/Elle/On **était**	Il/Elle/On **avait**
Nous **étions**	Nous **avions**
Vous **étiez**	Vous **aviez**
Ils/Elles **étaient**	Ils/Elles **avaient**

Exemple
L'an dernier, il **avait** une poupée.

Exemple
Hier, j'**étais** sous la pluie.

Je m'entraîne

1 ⋆ **Complète par un pronom.**

_____ était

_____ étions

_____ étais   en retard.

_____ étaient

_____ étiez

2 ⋆ **Complète par un pronom.**

_____ avais

_____ aviez

_____ avait   peur.

_____ avaient

_____ avions

3 ⋆⋆ **Complète avec *être* à l'imparfait.**

1. J' _____ le premier de la course.

2. Vous _____ à l'heure.

3. Elle _____ la dernière.

4. Tu _____ content de ton travail.

5. Ils _____ en classe avec moi.

6. Nous _____ au spectacle.

4 ⋆⋆ **Complète avec *avoir* à l'imparfait.**

1. Vous _____ mal à la tête.

2. Tu _____ des gâteaux au goûter.

3. Nous _____ des chaussures noires.

4. J' _____ un déguisement de clown.

5. On _____ de la chance au jeu.

6. Elles _____ de la visite.

5 ⋆⋆⋆ **Complète avec le verbe *être* ou le verbe *avoir* à l'imparfait.**

1. J' _____ un puzzle de 1 000 pièces à assembler.

2. Tu _____ très motivé. 3. Nous _____ du mal à le terminer.

As-tu réussi tes exercices ?

Très bien ☐   Assez bien ☐   Pas assez bien ☐

J'observe et je retiens

Aller	Dire	Faire
J' **all**ais	Je **dis**ais	Je **fais**ais
Tu **all**ais	Tu **dis**ais	Tu **fais**ais
Il/Elle/On **all**ait	Il/Elle/On **dis**ait	Il/Elle/On **fais**ait
Nous **all**ions	Nous **dis**ions	Nous **fais**ions
Vous **all**iez	Vous **dis**iez	Vous **fais**iez
Ils/Elles **all**aient	Ils/Elles **dis**aient	Ils/Elles **fais**aient

Exemples

1 Les enfants (ils) **allaient** au cinéma.

2 Arthur (il) **disait** souvent bravo.

3 Léa (elle) **faisait** le clown.

Je m'entraîne

1 ★ **Relie chaque pronom à la forme du verbe *aller* qui convient.**

1. J'   •   • a. allions
2. Elle •   • b. allais
3. Vous •   • c. allaient
4. Nous •   • d. allait
5. Ils   •   • e. alliez

2 ★★ **Complète par un pronom.**

_____ disais
_____ disait
_____ disaient ⟩ des bêtises.
_____ disiez
_____ disions

3 ★★ **Complète par un pronom.**

_____ faisais
_____ faisiez
_____ faisait ⟩ du bruit.
_____ faisions
_____ faisaient

4 ★★★ **Complète avec le verbe *aller* à l'imparfait.**

1. J'_____ voir ma sœur.
2. Nous _____ faire du vélo.
3. Tu _____ à la bibliothèque.
4. Ils _____ jouer au football.
5. Elle _____ se coucher.

5 ★★★ **Complète avec le verbe *dire* à l'imparfait.**

1. Ils _____ « à demain ».
2. Je _____ un poème.
3. Elle _____ qu'elle avait mal.
4. Vous _____ que c'était incroyable.
5. Nous _____ n'importe quoi.

6 ★★★ **Complète avec le verbe *faire* à l'imparfait.**

1. Je _____ de la compote.
2. Nous _____ un jeu de cartes.
3. Tu _____ de la peinture.
4. Elle _____ de la danse sur glace.
5. Ils _____ un caprice.

Pour l'adulte

Soyez vigilant sur le verbe *faire* : l'enfant a tendance à écrire « je fesais » à la place de « je faisais ».

As-tu réussi tes exercices ?

Très bien ☐   Assez bien ☐   Pas assez bien ☐

26 L'imparfait des verbes *venir* et *prendre*

J'observe et je retiens

Venir
Je **ven**ais
Tu **ven**ais
Il/Elle/On **ven**ait
Nous **ven**ions
Vous **ven**iez
Ils/Elles **ven**aient

Prendre
Je **pren**ais
Tu **pren**ais
Il/Elle/On **pren**ait
Nous **pren**ions
Vous **pren**iez
Ils/Elles **pren**aient

Exemples

1 L'an dernier, tu **venais** en voiture.

2 Autrefois, Léa **prenait** des photos.

À l'imparfait, les terminaisons sont les mêmes pour tous les verbes.

Je m'entraîne

1 ⋆ **Complète par un pronom.**

_____ venait

_____ venions

_____ venaient ⟩ à l'école.

_____ venais

_____ veniez

3 ⋆⋆ **Complète avec le verbe *venir* à l'imparfait.**

1. Tu _____ à la maison.

2. Vous _____ de partir.

3. Ils _____ à bicyclette.

4. Elle _____ marcher avec moi.

5. Nous _____ te voir nager.

2 ⋆ **Complète par un pronom.**

_____ prenaient

_____ preniez

_____ prenait ⟩ un livre.

_____ prenais

_____ prenions

4 ⋆⋆ **Complète avec le verbe *prendre* à l'imparfait.**

1. Je _____ de tes nouvelles.

2. Nous _____ une glace en dessert.

3. Elle _____ son livre.

4. Ils _____ le même chemin.

5. Tu _____ le train tous les jours.

5 ⋆⋆⋆ **Complète avec le verbe *venir* ou le verbe *prendre* à l'imparfait.**

1. Quand tu *(venir)* _____ à l'école, tu *(prendre)* _____ le car à chaque fois. 2. Nous *(prendre)* _____ le café ensemble et les voisins *(venir)* _____ nous dire bonjour. 3. Je *(prendre)* _____ le temps de te raconter mes vacances. 4. Mon frère *(venir)* _____ avec moi. Il *(prendre)* _____ quelques jours de repos.

As-tu réussi tes exercices ?

Très bien ☐   Assez bien ☐   Pas assez bien ☐

J'observe et je retiens

Pouvoir	Vouloir	Voir
Je **pouv**ais	Je **voul**ais	Je **voy**ais
Tu **pouv**ais	Tu **voul**ais	Tu **voy**ais
Il/Elle/On **pouv**ait	Il/Elle/On **voul**ait	Il/Elle/On **voy**ait
Nous **pouv**ions	Nous **voul**ions	Nous **voy**ions
Vous **pouv**iez	Vous **voul**iez	Vous **voy**iez
Ils/Elles **pouv**aient	Ils/Elles **voul**aient	Ils/Elles **voy**aient

Exemples

1 Tu **pouvais** t'inscrire.
2 Vous **vouliez** participer.
3 Je **voyais** la course.

Je m'entraîne

1 ⋆ **Écris l'infinitif des verbes en gras.**

1. Je **voulais** _____ aller à la piscine. **2.** Vous **pouviez** _____ courir. **3.** Tu **voyais** _____ des étoiles. **4.** Nous **voyions** _____ un film. **5.** Ils **voulaient** _____ écrire un poème. **6.** Elle **pouvait** _____ nager.

2 ⋆⋆ **Complète avec un pronom qui convient.**

_____ pouviez
_____ pouvais
⟩ faire la cuisine.

3 ⋆⋆ **Complète avec un pronom qui convient.**

_____ voulait
_____ vouliez
⟩ aller au cirque.

4 ⋆⋆ **Complète avec un pronom qui convient.**

_____ voyaient
_____ voyions
⟩ un match de foot.

5 ⋆⋆⋆ **Écris le verbe *pouvoir* à l'imparfait.**

1. Je _____ porter ma valise.
2. Vous _____ fermer la porte.
3. On _____ avoir des bonbons.

6 ⋆⋆⋆ **Écris le verbe *vouloir* à l'imparfait.**

1. Tu _____ voir un dessin animé.
2. Vous _____ prendre des photos.
3. Nous _____ manger ensemble.

7 ⋆⋆⋆ **Écris le verbe *voir* à l'imparfait.**

1. Ils _____ passer les trains.
2. On _____ le ciel se couvrir.
3. Tu _____ le chien se sauver.

As-tu réussi tes exercices ?

Très bien ☐ **Assez bien** ☐ **Pas assez bien** ☐

28 Le futur des verbes du 1er groupe

J'observe et je retiens

Terminaisons	
Je	-ai
Tu	-as
Il/Elle/On	-a
Nous	-ons
Vous	-ez
Ils/Elles	-ont

■ Au futur, les verbes du 1er groupe (terminaisons en **-er**) se conjuguent en ajoutant à l'infinitif les terminaisons du tableau.

Exemple Demain, je **danser**ai devant mes camarades.

Exemple Demain, ils **chanter**ont devant tous les parents.

Je m'entraîne

1 ⋆ **Écris le pronom singulier qui convient.**

_____ écouterai ⟍
_____ écouteras ⟍
   Il   écoutera ⟩— une histoire.
_____ écoutera ⟋

2 ⋆ **Écris le pronom pluriel qui convient.**

_____ mangerons ⟍
_____ mangerez ⟍
_____ mangeront ⟩— trop vite.
Elles   *mangeront* ⟋

3 ⋆⋆ **Complète avec *ranger* au futur.**

1. Je _____ les livres.
2. Tu _____ la vaisselle.
3. Il _____ sa trousse.
4. Elle _____ sa chambre.

4 ⋆⋆ **Complète avec *rester* au futur.**

1. Nous _____ à table.
2. Vous _____ à la maison.
3. Ils _____ dans la cour.
4. Elles _____ à l'école.

4 ⋆⋆⋆ **Écris au futur les verbes entre parenthèses.**

1. Le mois prochain, nous *(fêter)* _____ mon anniversaire. 2. Mes cousins *(arriver)* _____ par le TGV de 10 heures. 3. Mon frère *(préparer)* _____ un gâteau au chocolat. 4. Vous *(apporter)* _____ des jus de fruits. 5. Tu *(décorer)* _____ la table avant l'arrivée des invités. 6. Je *(souffler)* _____ mes huit bougies devant tout le monde.

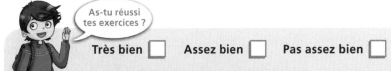

As-tu réussi tes exercices ?

Très bien ☐   Assez bien ☐   Pas assez bien ☐

J'observe et je retiens

Être	Avoir
Je **serai**	J' **aurai**
Tu **seras**	Tu **auras**
Il/Elle/On **sera**	Il/Elle/On **aura**
Nous **serons**	Nous **aurons**
Vous **serez**	Vous **aurez**
Ils/Elles **seront**	Ils/Elles **auront**

Exemple Demain, je **serai** à la montagne.

Exemple Demain, vous **aurez** un cadeau.

Je m'entraîne

1 ★ **Complète par un pronom.**

_____ serai

_____ serez

_____ sera

_____ serons   à Marseille.

_____ seras

_____ seront

2 ★ **Complète par un pronom.**

_____ aura

_____ aurez

_____ aurai

_____ auront   du soleil.

_____ aurons

_____ auras

3 ★★ **Complète avec le verbe *être* au futur.**

1. Tu _____ à Paris.
2. Elle _____ à Nantes.
3. Je _____ à Lyon.
4. Ils _____ à Toulouse.
5. Nous _____ en Italie.
6. Vous _____ en Espagne.

4 ★★ **Complète avec le verbe *avoir* au futur.**

1. Vous _____ un travail à terminer.
2. Elles _____ le temps de jouer.
3. Il _____ à l'âge de conduire.
4. Nous _____ une surprise.
5. J' _____ ma poésie à apprendre.
6. Tu _____ huit ans demain.

5 ★★★ **Complète avec le verbe *être* ou le verbe *avoir* au futur.**

1. Dans quelques années, toutes les voitures _____ électriques. 2. Vous _____ le droit de conduire à 16 ans. 3. Tu _____ peut-être une voiture sans roues !

As-tu réussi tes exercices ?

Très bien ☐   Assez bien ☐   Pas assez bien ☐

• Une fois les exercices terminés, l'enfant consultera les **corrigés**. Dans un premier temps, il faudra s'assurer qu'il a compris la **cause de son erreur** ; si ce n'est pas le cas, votre aide lui sera précieuse.

• Ensuite, à la fin de chaque page, **l'enfant s'auto-évaluera** en répondant à la question « **As-tu réussi tes exercices ?** » et en cochant la case correspondant à ses résultats.

– Si la majorité des exercices est juste, l'enfant cochera la case « Très bien ».
– S'il a à peu près autant d'exercices justes que d'exercices faux, il indiquera « Assez bien ».
– S'il a plus d'exercices faux que d'exercices justes, il cochera la case « Pas assez bien ».

Grâce à cette petite rubrique, l'enfant apprendra à évaluer son travail et à progresser sans jamais se décourager. S'il a coché la case « Pas assez bien », rassurez-le en lui disant que l'essentiel n'est pas le résultat, mais la compréhension des erreurs commises.

GRAMMAIRE

1. Majuscule, point et virgule

❶ 1. Le garçon mange une grappe de raisin. 2. Il jette les pépins du raisin.

❷ Nathan et Clara partent à vélo cueillir des mûres. Chaque enfant emmène avec lui un petit seau. On peut faire cinq pots de confiture avec un seau plein de mûres. Ils ont mis un vieux pantalon et un tee-shirt à manches longues pour ne pas se faire piquer. Les buissons sont pleins d'épines.

❸ Chaque hiver, Lucas protège ses arbres fruitiers du froid. Il y a des fruits pourris dans le panier, il faut les trier. En épluchant son fruit, Léo s'est blessé au pouce. Cette nuit, une violente tempête a fait tomber toutes les pommes de l'arbre.

❹ Aujourd'hui, on ramasse des abricots pour la confiture.

2. Les types de phrases

❶ 1. phrase interrogative ; 2. phrase déclarative ; 3. phrase impérative ; 4. phrase interrogative ; 5. phrase impérative ; 6. phrase déclarative.

❷ 1. Débarrasse la table ! 2. Ramassez les pièces du jeu ! 3. Éteins la lumière du couloir ! 4. Marche sur le tapis !

❸ 1. Est-ce qu'il a terminé son livre ? 2. Est-ce que les enfants regardent un film ? 3. Est-ce que tu as fermé la porte à clé ? 4. Est-ce que mes parents sont allés au cinéma ?

3. Les formes de phrases

❶ 1. forme négative ; 2. forme négative ; 3. forme exclamative ; 4. forme affirmative ; 5. forme affirmative ; 6. forme exclamative.

❷ 1. Maryse ne taille pas la haie de lauriers. 2. Les branches ne dépassent pas du mur. 3. Nous ne plantons pas des radis. 4. Les figues ne sont pas mûres.

❸ 1. Que (Comme) ces bambous poussent vite ! 2. Qu'il (Comme il) est superbe ton potager ! 3. Que (Comme) j'ai peur des guêpes ! 4. (Comme) Que je n'aime pas l'odeur de cette plante !

4. Identifier le verbe

❶ 1. range ; 2. plante ; 3. rangera ; 4. a planté.

❷ 1. joue ; 2. tire ; 3. rampe ; 4. tisse.

❸ 1. jouer ; 2. tirer ; 3. ramper ; 4. tisser.

❹ Exemples de réponses : 1. Le boulanger ferme le dimanche. 2. Le peintre colle le papier. 3. Le facteur donne le courrier.

5. Identifier le sujet du verbe

❶ 1. Qui est-ce qui mange les salades ? 2. Qui est-ce qui ramasse des pommes ? 3. Qui est-ce qui sème des radis ?

❷ 1. C'est la limace qui mange les salades. 2. C'est Lisa qui ramasse des pommes. 3. Ce sont les enfants qui sèment des radis.

3 1. La confiture attire les guêpes. 2. Ces papillons volent de fleur en fleur. 3. Johan observe une colonie de fourmis. 4. Un hérisson traverse l'allée. 5. Le canari siffle un air joyeux.

6. Identifier le nom et les déterminants

1 Ce chat dort sur le divan. Il attrape les oiseaux et les souris. Ma copine s'appelle Élise. Cette fille habite dans mon immeuble. Son frère élève des rats et des hamsters. Mes voisins ont un chien et une tortue. Ces oiseaux n'ont pas peur. Ils viennent manger dans ma main.

2 La fillette entre dans un magasin. Elle regarde les jouets et s'arrête devant les vélos. Elle choisit une balle pour jouer avec ses raquettes. J'ai rangé ton camion dans le garage. Les garçons jouent avec mon ballon dans le jardin. Des enfants courent dans l'herbe.

3 À corriger avec l'aide d'un adulte.

7. Identifier les adjectifs

1 1. court ; usé. 2. jaune ; sucrée. 3. grande ; neuve.

2 un gros orage ; une violente tempête ; un épais brouillard ; une forte pluie ; une petite averse ; un beau nuage.

3 un ciel bleu ; une journée grise ; une neige épaisse ; un temps humide ; un soleil brûlant ; un hiver long ; un chat noir ; un homme bavard.

4 À corriger avec l'aide d'un adulte.

5 À corriger avec l'aide d'un adulte.

8. Identifier le groupe nominal

1 une/la chaise haute – un/le camion rouge – un/le chat malade – la/une petite chambre.

2 1. Le petit garçon ; 2. Le train – la nouvelle gare ; 3. ses feutres usés ; 4. Mes bottes bleues ; 5. Ton stylo rouge – la table basse ; 6. ton vélo neuf ; 7. la piscine couverte ; 8. Un gros chien gris – son maître.

3 À corriger avec l'aide d'un adulte.

9. Les pronoms

1 1. Elle regarde ses photos. 2. Il range ses livres. 3. Elle achète une revue. 4. Il apporte le journal.

2 1. Ils jouent au foot. 2. Ils amènent les supporters. 3. Elles sont vides. 4. Elles applaudissent les joueurs.

3 1. Elle ; 2. Ils ; 3. Elles ; 4. Il ; 5. Il.

10. Les compléments

1 une étagère en bois – des vêtements en coton – une caisse de vaisselle – la porte de l'ascenseur – le camion de déménagement – des tasses à café – les coussins du canapé – la table en verre

2 À corriger avec un adulte.

3 1. Il démonte son lit. 2. On vide les armoires. 3. Le déménageur porte une caisse de livres. 4. Ferme la fenêtre. 5. La voisine décroche ses rideaux. 6. Elle emballe sa vaisselle fragile.

4 À corriger avec un adulte.

11. Le masculin et le féminin

1 1. le ; 2. ce ; 3. un ou l' ; 4. le ou mon.

2 Il faut barrer : 1. le et un ; 2. le ; 3. la ; 4. (mouche) un ; (insecte) la et une.

3 un chien ; le saumon ; l'ours ; le poisson ; l'oiseau ; l'escargot ; le cheval ; un serpent.

4 Noms masculins : le mouton ; un cochon ; l'écureuil ; un papillon.

Noms féminins : la brebis ; l'hirondelle ; une chenille ; la fourmi.

12. Le singulier et le pluriel

1 Il faut barrer : 1. des ; les. 2. des ; les. 3. la ; un ; les.

2 Exemples de réponses : 1. Il mange une pomme. 2. Elle achète un livre.

3 des chemises ; les chaussures ; des gants ; des bottes ; mes robes.

4 Noms singuliers : le tapis ; le tableau ; une nappe ; l'étagère.

Noms pluriels : deux vases ; des fleurs ; trois plantes ; des meubles.

VOCABULAIRE

13. Le dictionnaire

1 1. chaise : nom féminin (n.f.) ; 2. fendre : verbe (v.) ; 3. lent : adjectif (adj.) ; 4. petit : adjectif (adj.) ; 5. sable : nom masculin (n.m.) ; 6. gagner : verbe (v.).

2 1. ginkgo : arbre ; 2. boudeuse : meuble ; 3. marte : animal ; 4. cordier : métier.

3 1. souris : petit mammifère ; dispositif permettant de pointer un emplacement sur l'écran d'un ordinateur. 2. baguette : pain de forme très allongée ; petit bâton mince et allongé. 3. glace : miroir ; eau congelée.

14. Les mots de la même famille

1 1. dentier – dentaire – dentiste – dent – dentifrice – dentition – édenté

2. journée – journal – journaliste – jour – journalier – bonjour – aujourd'hui

3. sauterelle – sauteur – saut – saute-mouton – sautiller – sautoir – sursauter

2 chantier – montage – grange – placard.

3 recharger – reformer – regeler – reposer – relacer – reloger – reboutonner – recouper.

4 décharger – déformer – dégeler – déposer – délacer – déloger – déboutonner – découper.

15. Les synonymes

1 1. d ; 2. b ; 3. e ; 4. a ; 5. c.

2 Exemples de réponses : 1. habitation ; villa ; pavillon… 2. soulier ; sandale ; basket… 3. gamin ; gosse ; môme 4. docteur ; spécialiste ; chirurgien 5. revue ; bulletin ; magazine… 6. stylo ; feutre…

© Cahier du Jour/Cahier du Soir – Français CE1

3 1. copain ; camarade ; compagnon **2**. distribuer ; offrir ; fournir **3**. immense ; gigantesque ; haut **4**. marin ; matelot ; pêcheur.

4 Exemples de réponses : **1**. Il prépare un gâteau. **2**. Arthur prend une photo. **3**. Virginie construit un château de sable.

CONJUGAISON

16. Le présent des verbes du 1er groupe (1)

1 1. débarrasser ; 2. laver ; 3. tirer ; 4. couper.

2 1. efface ; 2. dessine ; 3. range.

3 1. écoutent ; 2. parlent ; 3. racontent ; 4. regardent ; 5. rangent ; 6. colorient.

4 1. Elles découpent… 2. Ils collent… 3. Elle décore… 4. Les enfants affichent… 5. La fillette arrache… 6. Il plie…

17. Le présent des verbes du 1er groupe (2)

1 je ; tu ; tu ; je ; j' ; tu ; tu ; je ; tu ; je ; j' ; tu.

2 nous ; vous ; vous ; nous ; vous ; nous.

3 1. Tu ramasses ; 2. Je promène ; 3. J'efface.

4

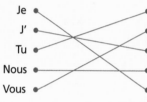

Je — gagne souvent au jeu de dominos.
J' — achète un nouveau jeu de société.
Tu — joues aux cartes dans ta chambre.
Nous — rangeons chaque jeu dans sa boîte.
Vous — terminez un puzzle de mille pièces.

18. Le présent des verbes être et avoir

1
Nous	sommes
Je	suis
Tu	es
Ils ou Elles	sont
Vous	êtes
Il/Elle/On	est

en retard.

3 1. Vous êtes au gymnase.
2. Elle est à la montagne.
3. Je suis en avance.
4. Nous sommes au spectacle.
5. Tu es à Paris.
6. Ils sont devant la télévision.

2
Tu	as
Vous	avez
J'	ai
Elles ou Ils	ont
Nous	avons
Il/Elle/On	a

peur.

4 1. Nous avons les mains sales.
2. J'ai un nouveau vélo.
3. Il a un gros rhume.
4. Vous avez mal au ventre.
5. Tu as un petit chat.
6. Elles ont l'air triste.

5 1. Aujourd'hui Eva a sept ans ! ; 2. Ses amies sont à l'heure pour son anniversaire ; 3. « J'ai hâte de souffler mes bougies ! » annonce Eva.

19. Le présent du verbe aller

1
Il	va
Je	vais
Tu	vas
Il/Elle/On	va

au marché.

3 1. Vous êtes au gymnase.
2. Elle est à la montagne.
3. Je suis en vacances.
4. Nous sommes au spectacle.

2
Elles	vont
Nous	allons
Ils ou Elles	vont
Vous	allez

à Paris.

4 1. Nous allons dans la cour.
2. Vous allez au gymnase.
3. Elles vont déjeuner.
4. Ils vont se laver.

5 1. vais ; 2. vas ; 3. allons ; 4. va ; 5. vont ; 6. allez.

20. Le présent des verbes dire et faire

1
Je ou Tu	dis
Nous	disons
Il/Elle/On	dit
Vous	dites
Ils ou Elles	disent

« merci ».

3 1. Vous dites « bon appétit ».
2. Elle dit de partir.
3. Je dis ce que j'ai vu.
4. Ils disent de s'abriter de la pluie.
5. Nous disons des mensonges.

2
Je ou Tu	fais
Il ou Elle	fait
Vous	faites
Ils ou Elles	font
Nous	faisons

la cuisine.

4 1. Tu fais de la marche.
2. Nous faisons du sport.
3. Il fait la sieste.
4. Elles font un jeu de société.
5. Vous faites la vaisselle.

5 1. dit ; 2. fais – fais ; 3. font ; 4. faites ; 5. dis ; 6. disent ; 7. dites.

21. Le présent des verbes venir et prendre

1
Je ou Tu	viens
Ils ou Elles	viennent
Nous	venons
Il/Elle/On	vient
Vous	venez

à Paris.

3 1. Je viens te voir.
2. Elles viennent d'arriver.
3. Nous venons dans une heure.
4. Il vient en voiture.
5. Tu viens voir le film.

2
Il/Elle/On	prend
Vous	prenez
Je ou Tu	prends
Ils ou Elles	prennent
Nous	prenons

un livre.

4 1. Tu prends l'air.
2. Nous prenons des vacances.
3. Il prend son vélo.
4. Elles prennent le même chemin.
5. Vous prenez du pain et du beurre.

5 1. viens ; 2. viens ; prends ; 3. viennent ; 4. prennent.

22. Le présent des verbes pouvoir, vouloir et voir

1 1. pouvoir – 2. vouloir – 3. vouloir – 4. voir – 5. voir – 6. pouvoir.

2
Il/Elle/On	peut
Ils/Elles	peuvent
Je ou Tu	peux

courir vite.

4
Je ou Tu	vois
Ils/Elles	voient
Nous	voyons
Il/Elle/On	voit

un avion décoller.

3
Vous	voulez
Il/Elle/On	veut
Nous	voulons

des bonbons.

5 1. Tu peux.
2. Nous pouvons.
3. Je peux.

6 1. Vous voulez ; 2. Il veut ; 3. Nous voulons.

7 1. Nous voyons ; 2. Tu vois ; 3. Ils voient.

23. L'imparfait des verbes du 1er groupe

1 Je ou Tu marchais
Tu ou Je marchais
Elle marchait
Il ou Elle marchait
} sur le sable.

2 Nous sautions
Vous sautiez
Ils ou Elles sautaient
Elles sautaient
} sur les rochers.

3 1. Je pêchais des crevettes.
2. Tu pêchais un crabe.
3. Il pêchait des sardines.
4. Elle pêchait la daurade.

4 1. Nous portions les valises.
2. Vous portiez des livres.
3. Ils portaient un cartable.
4. Elles portaient un sac à main.

5 1. fêtions ; 2. arrivaient ; 3. préparait ; 4. apportiez ;
5. décorais ; 6. soufflais.

24. L'imparfait des verbes être et avoir

1 Il/Elle/On était
Nous étions
Tu ou J' étais
Ils/Elles étaient
Vous étiez
} en retard.

2 Tu ou J' avais
Vous aviez
Il/Elle avait
Ils/Elles avaient
Nous avions
} peur.

3 1. J'étais le premier de la course. – 2. Vous étiez à l'heure. –
3. Elle était la dernière. – 4. Tu étais content de ton travail. – 5. Ils
étaient en classe avec moi. – 6. Nous étions au spectacle.

4 1. Vous aviez mal à la tête. – 2. Tu avais des gâteaux au goûter. –
3. Nous avions des chaussures noires. – 4. J'avais un déguisement de
clown. – 5. On avait de la chance au jeu. – 6. Elles avaient de la visite.

5 1. J'avais un puzzle de 1 000 pièces à assembler. – 2. Tu étais très
motivé. – 3. Nous avions du mal à terminer.

25. L'imparfait des verbes aller, dire et faire

1 1. b ; 2. d ; 3. e ; 4. a ; 5. c.

2 Je ou Tu disais
Il ou Elle disait
Ils ou Elles disaient
Vous disiez
Nous disions
} des bêtises.

3 Je ou Tu faisais
Vous faisiez
Il ou Elle faisait
Nous faisions
Ils ou Elles faisaient
} du bruit.

4 1. J'allais.
2. Nous allions.
3. Tu allais.
4. Ils allaient.
5. Elle allait.

5 1. Ils disaient.
2. Je disais.
3. Elle disait.
4. Vous disiez.
5. Nous disions.

6 1. Je faisais.
2. Nous faisions.
3. Tu faisais.
4. Elle faisait.
5. Ils faisaient.

26. L'imparfait des verbes venir et prendre

1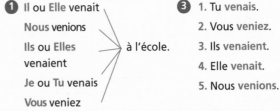
Il ou Elle venait
Nous venions
Ils ou Elles venaient
Je ou Tu venais
Vous veniez
} à l'école.

3 1. Tu venais.
2. Vous veniez.
3. Ils venaient.
4. Elle venait.
5. Nous venions.

2 Ils ou Elles prenaient
Vous preniez
Il ou Elle prenait
Je ou Tu prenais
Nous prenions
} un livre.

4 1. Je prenais.
2. Nous prenions.
3. Elle prenait.
4. Ils prenaient.
5. Tu prenais.

5 1. venais ; prenais ; 2. prenions ; venaient ; 3. prenais ;
4. venait ; prenait.

27. L'imparfait des verbes pouvoir, vouloir et voir

1 1. vouloir – 2. pouvoir – 3. voir – 4. voir – 5. vouloir – 6. pouvoir.

2 Vous pouviez
Je ou Tu pouvais
} faire la cuisine.

4 Ils/Elles voyaient
Nous voyions
} un match de foot.

3 Il/Elle/On voulait
Vous vouliez
} aller au cirque.

5 1. Je pouvais. – 2. Vous pouviez. – 3. On pouvait.

6 1. Tu voulais ; 2. Vous vouliez ; 3. Nous voulions.

7 1. Ils voyaient ; 2. On voyait ; 3. Tu voyais.

28. Le futur des verbes du 1er groupe

1 J' écouterai
Tu écouteras
Il écoutera
Elle ou Il écoutera
} une histoire.

3 1. Je rangerai les livres.
2. Tu rangeras la vaisselle.
3. Il rangera sa trousse.
4. Elle rangera sa chambre.

2 Nous mangerons / Vous mangerez / Ils ou Elles mangeront / Elles mangeront } trop vite.

4 1. Nous resterons à table.
2. Vous resterez à la maison.
3. Ils resteront dans la cour.
4. Elles resteront à l'école.

5 1. fêterons ; 2. arriveront ; 3. préparera ; 4. apporterez ;
5. décoreras ; 6. soufflerai.

29. Le futur des verbes *être* et *avoir*

1 Je serai / Vous serez / Il/Elle/On sera / Nous serons / Tu seras / Ils/Elles seront } à Marseille.

3 1. Tu seras à Paris.
2. Elle sera à Nantes.
3. Je serai à Lyon.
4. Ils seront à Toulouse.
5. Nous serons en Italie.
6. Vous serez en Espagne.

2 Il/Elle/On aura / Vous aurez / J' aurai / Ils/Elles auront / Nous aurons / Tu auras } du soleil.

4 1. Vous aurez un travail à terminer.
2. Elles auront le temps de jouer.
3. Il aura l'âge de conduire.
4. Nous aurons une surprise.
5. J'aurai ma poésie à apprendre.
6. Tu auras huit ans demain.

5 1. seront ; 2. aurez ; 3. auras.

30. Le futur des verbes *aller*, *dire* et *faire*

1 1. b ; 2. c ; 3. d ; 4. a ; 5. e.

4 1. J'irai voir ce film.
2. Nous irons au théâtre.
3. Tu iras voir tes amis.
4. Elles iront regarder la télé.
5. Il ira se reposer.

2 Nous dirons / Tu diras / Ils ou Elles diront / Vous direz / Il ou Elle dira } « à bientôt ».

5 1. Ils diront des mensonges.
2. Je dirai la vérité.
3. Elle dira « non ».
4. Vous direz « oui ».
5. Nous dirons ce que nous avons vu.

3 Il ou Elle fera / Nous ferons / Tu feras / Ils ou Elles feront / Je ferai } du sport.

6 1. Tu feras un tour de magie.
2. Vous ferez la course.
3. Je ferai le clown dans la cour.
4. Elle fera son lit.
5. Ils feront du ski.

31. Le futur des verbes *venir* et *prendre*

1 Il ou Elle viendra / Nous viendrons / Ils ou Elles viendront / Je viendrai / Tu viendras } en car.

3 1. Tu viendras jouer ?
2. Vous viendrez à l'heure.
3. Il viendra en taxi.
4. Elles viendront en avance.
5. Nous viendrons demain.

2 Nous prendrons / Tu prendras / Vous prendrez / Il ou Elle prendra / Ils ou Elles prendront } le train.

4 1. Je prendrai mon temps pour venir.
2. Elles prendront une pomme ou une poire.
3. Il prendra ses jeux.
4. Nous prendrons une bonne douche.
5. Tu prendras tes affaires de sport.

5 1. prendrai ; 2. prendra ; 3. viendrons ; 4. prendras ; viendras ;
5. viendront ; 6. prendront.

32. Le futur des verbes *pouvoir*, *vouloir* et *voir*

1 1. pouvoir – 2. voir – 3. vouloir – 4. vouloir.

2 Ils/Elles pourront / Tu pourras / Vous pourrez / Je pourrai } faire un effort.

4 Nous verrons / Il/Elle/On verra / Ils/Elles verront / Tu verras } un feu d'artifice.

3 Je voudrai / Nous voudrons / Ils/Elles voudront / Il/Elle/On voudra } un vélo rouge.

5 1. Je pourrai.
2. Nous pourrons.
3. Vous pourrez.
4. Elle pourra.

6 1. Tu voudras ; 2. On voudra ; 3. Nous voudrons ; 4. Je voudrai.

7 1. Elles verront ; 2. Tu verras ; 3. Nous verrons ; 4. Vous verrez.

33. Le passé composé des verbes du 1er groupe

1 tu as chanté ; nous avons lavé ; vous avez parlé ; elle a joué.

2 1. Tu as rencontré ; 2. Nous avons parlé ; 3. Ils (elles) ont échangé ; 4. J'ai invité.

3 1. Il a fermé ; 2. Tu as marché ; 3. Vous avez retiré.

4 j'ai dessiné ; tu as dessiné ; elle (il) a dessiné ; nous avons dessiné ; vous avez dessiné ; ils (elles) ont dessiné.

ORTHOGRAPHE

34. Le son « o » : o • au • eau

1 un oiseau – une bougie – des chaussons – un bonbon – un couteau – une côte – un stylo – une autruche – un poisson – un radeau – un domino – un ballon – un piano – un taureau – un coussin – un pot – un pou – un saucisson – une clôture

2 un sabot – un escargot – des haricots – un crocodile – un mot – des chaussures – un manteau – un tableau – une épaule – un chapeau – un saucisson – un marteau – du chocolat – une photo – un bureau

3 1. dos ; 2. lasso ; 3. château ; 4. drapeau ; 5. dauphin ; 6. cadeau ; 7. esquimau.

Corrigés détachables

V

35. Le son « ê » : *ai • ei • e • è • ê • et*

1 Réponses variables selon les régions.

le raisin – une lèvre – un poulet – une échelle – une fraise – de la laine – un banc – la baignoire – un lacet – une ceinture – la fête – un manège – une étoile – un bonnet – une craie.

2 un balai – la forêt – une baleine – le nombre seize – une oreille – Il se lève – une guêpe – un zèbre – une fenêtre – une reine – une laitue – une araignée.

3 1. fenêtre ; 2. chaise ; 3. peigne ; 4. perle ; 5. arête ; 6. tête ; 7. flèche ; 8. aigle.

36. Le son « in » : *in • im • ain • aim • en • yn • ym • ein*

1 un sapin – un imperméable – le bain – l'appendicite – un daim – les impôts – une ceinture – la laine – un poussin – une épingle – un frein – le chemin – la reine – un rein – le larynx.

2 demain – un verre de vin – Il a faim – un moulin – une main – un médecin – la fin du film – une ceinture – Il prend son bain – le nombre vingt – un marin – une infirmière – un incendie – un coussin – C'est important – le frein du vélo.

3 1. singe ; 2. pinceau ; 3. train ; 4. raisin ; 5. timbre ; 6. nain ; 7. lapin ; 8. peinture.

37. Le son « é » : *é • er • ez • et*

1 Réponses variables selon les régions.

le clocher – un filet – l'élève – le manège – un boucher – chanter – une épée – un dossier – une hélice – une pièce – une clé – une tête – un éclair – vous marchez – noir et blanc.

2 un carré – un éléphant – une église – du papier – vous dormez – le dernier – un boucher – un nez – un marié – le premier – un hérisson – vous jouez – une éponge – une épaule – vous chantez.

3 1. décembre ; 2. fumée ; 3. cahier ; 4. année ; 5. février ; 6. évier. Mot écrit verticalement : **café**.

38. Le son « an » : *en • an • em • am*

1 maman – une plante – un savant – un jambon – un enfant – un panier – une banane – une chambre – le mois de novembre – une dent – le nombre cent – un ami – un animal – la température – un landau – envelopper.

2 un fantôme – un serpent – un banc – un ventilateur – un kangourou – une pendule – du dentifrice – un gant.

3 un champignon – une ambulance – la température – une chambre – une ampoule – un tambour – une lampe.

4 1. tempête ; 2. manteau ; 3. pélican ; A. sandale ; B. balance ; C. pantalon ; D. ange.

39. Les noms terminés par les sons « ail » • « eil » • « euil » • « ouil »

1 1. portail ; 2. orteil ; 3. réveil ; 4. écureuil ; 5. chevreuil ; 6. fenouil ; 7. appareil.

2 1. paille – 2. muraille – 3. corbeille – 4. oreille – 5. bouteille – 6. nouille – 7. feuille.

3 Noms masculins : travail – rail – portefeuille.

Noms féminins : grenouille – volaille – maille.

40. *s* ou *ss* ?

1 Il faut souligner : chaise – blouson – arrosoir – oiseau – prison – analyse – chose.

Il faut entourer : sapin – poste – salade – valse – semaine – disque.

2 un bassin – une chaussure – une tasse – un hérisson – la classe – une trousse – une poule rousse.

3 la chasse – une chaussette – un sapin – un lasso – un seau – une souris – un casque – il est assis – un escalier – du sucre – la poste – un poussin.

4 des chaussons – une valise – un croissant – une casserole – une église – une personne – une fusée – du saucisson – une chemise.

41. *c* ou *ç* ?

1 Il faut souligner : berceau – balance – cerises – pinceau – puce – cirage – citron – lacet.

2 un Français – un commerçant – une gerçure – un remplaçant – un caleçon – un reçu – Nous grinçons des dents. – une leçon.

3 limaçon ; cascade ; balançoire.

4 1. France ; 2. garçon – leçon ; 3. français ; 4. maçon – ciment ; 5. Francis – façade – pinceaux ; 6. hameçon ; 7. perçant.

42. *g, ge* ou *gu* ?

1 1. Le rouge-gorge picore des graines dans la mangeoire ; puis il s'asperge d'eau et éclabousse toute sa cage. 2. Dans ses bagages, le magicien a rangé un pigeon, une robe rouge et une bougie collée sur un bougeoir.

2 1. Le garçon s'est mordu la langue. 2. Ce gamin cueille des marguerites. 3. Dans le grenier, j'ai trouvé une longue écharpe et une cagoule grise. 4. Pour son goûter, Guillaume a préparé un morceau de gruyère avec de la confiture de figues.

3 nageoire ; escargot ; déménagement.

4 un genou – un guidon – une gifle – la guerre – un wagon – une plage – une gare – un agent – une langue – Nous rangeons les livres. – un bourgeon.

43. *a • à*

1 1. Sarah a dessiné un bateau. 2. Il a des voiles blanches et bleues. 3. Elle a accroché son dessin au mur.

2 Chaque semaine, les élèves vont à la piscine à pied. Lucie a oublié son maillot de bain. Le maître-nageur lui prête un maillot à rayures. Lucas a perdu sa serviette dans les vestiaires. Axel ne se baigne pas, il a peur d'aller dans le grand bain.

3

Mon frère	☒ a ☐ à	commencé	☐ a ☒ à	marcher	☐ a ☒ à	un an.
Il fait de la voiture	☐ a ☒ à	pédales dans la salle	☐ a ☒ à			manger.
Il	☒ a ☐ à	déchiré le tapis ; il	☒ a ☐ à	aussi cassé un vase.		

4 Aujourd'hui, papa a acheté un ordinateur. Je reste à la maison pour l'aider à l'installer. Il n'arrive pas à l'allumer. Il a mal à la tête. Il y a trop de choses compliquées à faire.

© Cahier du jour/Cahier du Soir – Français CE1

44. *sont • son*

① 1. Les marchands **sont** installés sur la place. 2. Les fruits du marché **sont** chers. 3. Les clients **sont** servis en même temps.

② 1. Axel me prête **son** livre. 2. **Son** frère a perdu **son** stylo. 3. **Son** goûter est rangé dans **son** cartable.

③

Les joueurs	☒ sont ☐ son	malades et les matchs	☒ sont ☐ son	annulés.
Théo prête	☐ sont ☒ son	ballon aux enfants qui	☒ sont ☐ son	sur le stade.
Il range	☐ sont ☒ son	maillot dans	☐ sont ☒ son	sac à dos.

④ Ces fruits **sont** (étaient) abîmés. Les pommes **sont** (étaient) mûres ; Maëlis les cueille et les met dans **son** (mon, le) sac. Ces poires **sont** (étaient) sucrées. Il ramasse **son** (le, un) panier et l'attache sur **son** (mon, le) vélo.

45. *est • et*

① 1. Mon chat **est** tout noir. 2. Il **est** âgé de huit ans. 3. Ce chat **est** très drôle.

② 1. Léa adore les puzzles **et** les coloriages. 2. Elle découpe les images **et** les photos. 3. Elle collectionne les timbres **et** les stylos.

③ Élise se promène sur la plage ⊠est⊠ |et| ramasse des coquillages ⊠est⊠ |et| des galets. La marée |est| ⊠et⊠ basse ⊠est⊠ |et| de nombreux rochers sont découverts. Un petit crabe |est| ⊠et⊠ effrayé ⊠est⊠ |et| se cache. Élise avance avec précaution ⊠est⊠ |et| fait attention de ne pas glisser sur les algues ⊠est⊠ |et| de ne pas tomber dans une mare d'eau.

④ Ce camion **est** arrêté au milieu de la rue **et** il gêne la circulation. Seuls, les motos **et** les cyclistes arrivent à passer. Il **est** en panne **et** le chauffeur attend la dépanneuse. Il **est** impossible de faire plus vite…

46. *ont • on*

① 1. Mes parents **ont** fait un beau voyage. 2. Ils **ont** visité la ville de Chicago. 3. Les gens **ont** de grosses voitures.

② 1. À la fête de l'école, **on** a gagné des peluches. 2. Ce matin, **on** achète des billets de loterie. 3. **On** est sûr de remporter le gros lot.

③ À la piscine, ⊠ont⊠ |on| apprend à nager et ⊠ont⊠ |on| joue au ballon dans l'eau.

⊠On⊠ |On| dit aux enfants fatigués d'aller sur un banc car ils |ont| ⊠on⊠ besoin de repos.

⊠On⊠ |On| gronde les enfants qui |ont| ⊠on⊠ fait des bêtises et ceux qui |ont| ⊠on⊠ crié.

④ Comme **on** (il) est bien quand **on** (il) est en vacances ! **On** (il) n'est pas obligé de se lever le matin et **on** (il) passe des heures à jouer. Mes copains **ont** (avaient) l'autorisation de venir à la maison. Maman prépare toujours des gâteaux pour ceux qui **ont** (avaient) faim.

47. *ou • où*

① 1. Tu as un bateau à voile **ou** à moteur ? 2. Il est au port **ou** dans un garage ? 3. Tu navigues l'été **ou** l'hiver ?

② Tu veux aller à Paris **ou** (ou bien) en province ? Tu ne sais pas **où** tu veux partir. Il faut choisir entre la ville **ou** (ou bien) la campagne. **Où** habites-tu en ce moment ? C'est une grande ville **ou** (ou bien) un village ? L'endroit **où** tu vis est loin de la capitale.

③ Je ne sais pas ⊠ou⊠ |où| installer mon ordinateur. Je peux le placer sur une étagère |ou| ⊠où⊠ sur mon bureau. ⊠ou⊠ |Où| se trouve la prise de courant la plus proche ? Maintenant, je vais pouvoir envoyer des messages à mes amis |ou| ⊠où⊠ en recevoir.

④ Je ne sais pas **où** dort mon chat. Il est dans une armoire **ou** sur un lit. Peux-tu m'aider **ou** préfères-tu me laisser chercher seul ? **Où** peut-il être ? Dehors **ou** dans la maison ? Si tu l'as vu, dis-moi **où** il est.

48. Le féminin des noms : règle générale

①

Noms masculins	Noms féminins
un gamin	une gamine
un voisin	une voisine
un marchand	une marchande
un employé	une employée

② 1. une absente ; 2. une gourmande ; 3. une présidente ; 4. la bavarde ; 5. une Anglaise ; 6. une Allemande ; 7. la géante ; 8. Françoise.

③ 1. un Espagnol ; 2. le cousin ; 3. le blessé ; 4. un renard ; 5. l'étudiant ; 6. un inconnu ; 7. un ennemi ; 8. un Chinois.

49. Le féminin des noms en *-ier* et en *-er*

① 1. la prisonnière ; 2. une sorcière ; 3. une ouvrière ; 4. la première ; 5. une épicière.

② 1. un laitier ; 2. un teinturier ; 3. l'écolier ; 4. le couturier ; 5. un cavalier.

③ 1. la pâtissière ; 2. la conseillère ; 3. une gauchère.

④ 1. le berger ; 2. un étranger ; 3. un écuyer.

⑤ 1. La cuisinière prépare une sauce. 2. La boulangère se lève tôt. 3. La caissière rend la monnaie.

50. Les féminins particuliers

① 1. une Parisienne ; 2. une lionne ; 3. une Indienne ; 4. une muette.

② 1. un espion ; 2. un comédien ; 3. le paysan ; 4. le patron.

③ Dans cet immeuble, la **gardienne** connaît tous ses locataires. La **pharmacienne** habite au rez-de-chaussée. La dame du premier est une **championne** de tennis. Le monsieur du deuxième possède une adorable petite **chienne**. Le dernier étage est occupé par une célèbre **musicienne**.

④

le coq • → • la cane
le cheval • → • la chèvre
le canard • → • la poule
le bouc • → • la vache
le taureau • → • la jument

⑤ 1. une femme ; 2. ma sœur ; 3. la mère ; 4. la fille ; 5. ta tante.

51. Les lettres finales muettes

① Gaulois – lit – chat.

② 1. un intrus ; 2. un Anglais ; 3. un marchand ; 4. un bavard ; 5. un candidat ; 6. un sourd.

③ 1. galop ; 2. saut ; 3. chant ; 4. rang.

④ un pays – un combat – un mont – le dos – un tricot – du lait – le repos – le sang – un accident – un Français – un pot – un pas – un camp – un Allemand.

52. Le pluriel des noms : règle générale

① Noms singuliers : le camion ; l'avion ; un taxi ; l'ambulance. Noms pluriels : les vélos ; des voitures ; les motos ; les cars.

② des moutons ; deux lions ; les singes ; plusieurs tigres ; cinq chèvres ; mes chats ; tes chiens.

③ 1. des ânes ; 2. des pigeons ; 3. des bisons ; 4. des perroquets ; 5. des grenouilles ; 6. des baleines.

④ J'ai acheté des poissons pour mes chats. Pour faire des/mes tartes, j'ai rapporté aussi des pommes, des poires et des ananas.

53. Le pluriel des noms en -eau, -au, -eu

① 1. les râteaux ; 2. les tableaux ; 3. des bateaux ; 4. des troupeaux.

② 1. des étaux ; 2. les tuyaux ; 3. les joyaux ; 4. des landaus.

③ 1. des cheveux ; 2. des neveux ; 3. des pieux ; 4. des dieux ; 5. des jeux ; 6. des milieux ; 7. des pneus ; 8. des bleus.

④ 1. un couteau ; 2. des rideaux ; 3. des oiseaux ; 4. des lieux ; 5. des adieux ; 6. un landau ; 7. un corbeau ; 8. des boyaux ; 9. un esquimau ; 10. un enjeu.

54. Le pluriel des noms en -ou

① 1. des cous ; 2. des sous ; 3. des coucous ; 4. des verrous.

② 1. des choux ; 2. des bijoux ; 3. des cailloux ; 4. des joujoux.

③ 1. Les souris se sauvent devant les matous. 2. En visitant le zoo, j'ai aperçu des caribous. 3. Les hiboux et les aigles sont des espèces protégées.

④ des poux ; un bambou ; les genoux ; des mérous ; un bisou ; des voyous ; un trou ; des hindous ; des kangourous ; un fou.

55. Le féminin des adjectifs : règle générale

① petite : féminin ; vert : masculin ; joli : masculin ; salée : féminin.

② une veste grise ; une fille blonde ; une automobile bleue ; une herbe haute ; une grande table ; une lourde caisse ; une mauvaise adresse.

③ 1. une école maternelle ; 2. une ancienne élève ; 3. une table basse ; 4. une bonne recette ; 5. une fête annuelle ; 6. une gentille fille ; 7. une image nette ; 8. une épaisse fumée.

④ 1. Il boit un verre d'eau sucrée. 2. Cet alpiniste a fait une chute mortelle. 3. Une violente tempête a couché les arbres du parc. 4. Ne mange pas cette viande crue.

56. Le féminin des adjectifs : cas particuliers

① 1. une chienne heureuse ; 2. une route boueuse ; 3. une voiture coûteuse ; 4. une fille fiévreuse.

② 1. rieuse ; 2. songeuse ; 3. rêveuse ; 4. tricheuse.

③ 1. une fille grossière ; 2. la dernière page ; 3. une histoire policière ; 4. une nation étrangère ; 5. une journée printanière ; 6. une expression familière.

④ une tarte délicieuse ; un homme courageux ; une bête voleuse ; un garçon menteur ; une lettre légère.

57. Le pluriel des adjectifs : règle générale

① des avions bruyants ; des gâteaux sucrés ; des fruits mûrs ; des cartables légers ; des arbres morts ; des jolis tableaux.

② 1. des pommes jaunes ; 2. des mains sales ; 3. des fleurs rouges ; 4. des histoires tristes ; 5. des assiettes fragiles ; 6. des montagnes énormes.

③ 1. Ces gros avions transportent des véhicules de luxe. 2. Les élèves soigneux ont rangé leur cartable. 3. Il a des souvenirs précis de son voyage en Italie. 4. Des signaux lumineux indiquent un danger.

④ 1. Tes jeux électroniques ne peuvent pas fonctionner avec des piles usées. 2. Ces vieux jouets ont des petites pièces dangereuses pour les jeunes enfants.

58. Le pluriel des adjectifs : cas particuliers

① 1. J'ai deux frères jumeaux qui se nomment Noah et Ethan. 2. Pour mon anniversaire, j'ai reçu plusieurs beaux livres. 3. Les bébés esquimaux sont habitués au froid.

② 1. des fruits tropicaux ; 2. des cadeaux royaux ; 3. des colis postaux ; 4. des enfants brutaux ; 5. des exercices oraux ; 6. des repas familiaux.

③ Singulier : mural ; amical ; vertical ; total ; égal.
Pluriel : muraux ; amicaux ; verticaux ; totaux ; égaux.

④ 1. Les vols spatiaux sont de plus en plus sûrs. 2. Ces traits horizontaux ont été tracés avec une règle. 3. Ce restaurant ne sert que des plats régionaux. 4. De nouveaux élèves sont arrivés dans l'école.

59. L'accord dans le groupe nominal : déterminant – nom – adjectif

① 1. un/le pommier fleuri ; 2. une/la branche basse ; 3. un/l'arbre fruitier ; 4. une/la fleur bleue ; 5. un/le petit buisson ; 6. une/la grande forêt ; 7. un/le lieu ombragé ; 8. une/la belle plante verte.

② 1. des/les sentiers forestiers ; 2. des/les feuilles mortes ; 3. des/les sapins dénudés ; 4. des/les branches cassées ; 5. des/les champignons mortels ; 6. des/les plantes vertes ; 7. des/les petits buissons rouges ; 8. des/les jeunes haies taillées.

③ des routes sombres ; une aiguille piquante ; des grands arbres déracinés ; un vieux tronc pourri.

60. L'accord du verbe avec son sujet

① 1. arrête ; 2. allume ; 3. encourage ; 4. enfile – lace ; 5. tire – marque.

② 1. Le cheval saute par-dessus la haie. 2. Les vaches chassent les mouches avec leur queue. 3. Le berger et son chien surveillent les bêtes. 4. Des moutons s'éloignent du troupeau. 5. Il apporte de l'eau aux bêtes. Elles marchent vers l'abreuvoir.

③ 1. déjeunent ; 2. mange ; 3. coupe – beurre ; 4. lavent – rangent ; 5. arrivent.

© Cahier du jour / Cahier du Soir - Français CE1

30 Le futur des verbes *aller*, *dire* et *faire*

J'observe et je retiens

Aller	Dire	Faire
J' **ir**ai	Je **dir**ai	Je **fer**ai
Tu **ir**as	Tu **dir**as	Tu **fer**as
Il/Elle/On **ir**a	Il/Elle/On **dir**a	Il/Elle/On **fer**a
Nous **ir**ons	Nous **dir**ons	Nous **fer**ons
Vous **ir**ez	Vous **dir**ez	Vous **fer**ez
Ils/Elles **ir**ont	Ils/Elles **dir**ont	Ils/Elles **fer**ont

Exemples

1 Nous **irons** là-bas en avion.

2 Tu **diras** ce que tu as vu.

3 Vous **ferez** des photos.

Je m'entraîne

1 ⋆ **Relie chaque pronom à la forme du verbe *aller* qui convient.**

1. Nous •　　　　　• a. irai
2. Tu •　　　　　• b. irons
3. Vous •　　　　　• c. iras
4. J' •　　　　　• d. irez
5. Elles •　　　　　• e. iront

2 ⋆⋆ **Complète par un pronom.**

_____ dirons

_____ diras

_____ diront ⟩ « à bientôt ».

_____ direz

_____ dira

3 ⋆⋆ **Complète par un pronom.**

_____ fera

_____ ferons

_____ feras ⟩ du sport.

_____ feront

_____ ferai

4 ⋆⋆⋆ **Complète avec le verbe *aller* au futur.**

1. J'_____ voir ce film.
2. Nous _____ au théâtre.
3. Tu _____ voir tes amis.
4. Elles _____ regarder la télé.
5. Il _____ se reposer.

5 ⋆⋆⋆ **Complète avec le verbe *dire* au futur.**

1. Ils _____ des mensonges.
2. Je _____ la vérité.
3. Elle _____ « non ».
4. Vous _____ « oui ».
5. Nous _____ ce que nous avons vu.

6 ⋆⋆⋆ **Complète avec le verbe *faire* au futur.**

1. Tu _____ un tour de magie.
2. Vous _____ la course.
3. Je _____ le clown dans la cour.
4. Elle _____ son lit.
5. Ils _____ du ski.

As-tu réussi tes exercices ?

Très bien ☐　　Assez bien ☐　　Pas assez bien ☐

Le futur des verbes
venir et *prendre*

Venir
Je **viendr**ai
Tu **viendr**as
Il/Elle/On **viendr**a
Nous **viendr**ons
Vous **viendr**ez
Ils/Elles **viendr**ont

Prendre
Je **prendr**ai
Tu **prendr**as
Il/Elle/On **prendr**a
Nous **prendr**ons
Vous **prendr**ez
Ils/Elles **prendr**ont

Exemples

1 Demain, vous **viendrez** chez moi.
Je **viendrai** vous ouvrir la porte.

2 Tu **prendras** ton ballon.
Ta sœur **prendra** sa patinette.

3 Je **prendrai** mon vélo.

Je m'entraîne

1 ⋆ **Complète par un pronom.**

_____ viendra
_____ viendrons
_____ viendront ⟩ en car.
_____ viendrai
_____ viendras

2 ⋆ **Complète par un pronom.**

_____ prendrons
_____ prendras
_____ prendrez ⟩ le train.
_____ prendra
_____ prendront

3 ⋆⋆ **Complète avec *venir* au futur.**

1. Tu _____ jouer ?

2. Vous _____ à l'heure.

3. Il _____ en taxi.

4. Elles _____ en avance.

5. Nous _____ demain.

4 ⋆⋆ **Complète avec *prendre* au futur.**

1. Je _____ mon temps pour venir.

2. Elles _____ une pomme ou une poire.

3. Il _____ ses jeux.

4. Nous _____ une bonne douche.

5. Tu _____ tes affaires de sport.

5 ⋆⋆⋆ **Complète avec le verbe *venir* ou *prendre* au futur.**

1. Je (*prendre*) _____ mon vélo. 2. Ma sœur Léna (*prendre*) _____
le sien. 3. Nous (*venir*) _____ beaucoup plus vite chez toi qu'à
pied. 4. Tu (*prendre*) _____ ensuite ton vélo et tu (*venir*) _____ avec nous chez
Arthur. 5. Tous nos autres copains (*venir*) _____ aussi chez lui. 6. Ils (*prendre*)
_____ leur vélo et tous ensemble nous irons voir la mer.

As-tu réussi
tes exercices ?

Très bien ☐   Assez bien ☐   Pas assez bien ☐

Le futur des verbes
pouvoir, vouloir et *voir*

J'observe et je retiens

Pouvoir	Vouloir	Voir
Je **pourr**ai	Je **voudr**ai	Je **verr**ai
Tu **pourr**as	Tu **voudr**as	Tu **verr**as
Il/Elle/On **pourr**a	Il/Elle/On **voudr**a	Il/Elle/On **verr**a
Nous **pourr**ons	Nous **voudr**ons	Nous **verr**ons
Vous **pourr**ez	Vous **voudr**ez	Vous **verr**ez
Ils/Elles **pourr**ont	Ils/Elles **voudr**ont	Ils/Elles **verr**ont

Exemples

1 Tu **pourras** aller au cinéma.

2 Vous **voudrez** venir avec nous.

3 On **verra** un beau film.

Je m'entraîne

1 ★ **Écris l'infinitif des verbes en gras.**

1. Ils **pourront** _____ aller au stade. – **2.** Vous **verrez** _____ des sportifs. –
3. Nous **voudrons** _____ les regarder. – **4.** Tu **voudras** _____ être assis.

2 ★★ **Complète par un pronom.**

_____ pourront
_____ pourras
_____ pourrez   faire un effort.
_____ pourrai

3 ★★ **Complète par un pronom.**

_____ voudrai
_____ voudrons
_____ voudront   un vélo rouge.
_____ voudra

4 ★★ **Complète par un pronom.**

_____ verrons
_____ verra
_____ verront   un feu d'artifice.
_____ verras

5 ★★★ **Écris le verbe *pouvoir* au futur.**

1. Je _____ aller à l'école à pied.

2. Nous _____ courrir ensemble.

3. Vous _____ prendre un avion.

4. Elle _____ venir avec nous.

6 ★★★ **Écris le verbe *vouloir* au futur.**

1. Tu _____ une nouvelle montre.

2. On _____ jouer au foot.

3. Nous _____ nous mettre à l'ombre.

4. Je _____ changer de coiffure.

7 ★★★ **Écris le verbe *voir* au futur.**

1. Elles _____ un beau spectacle.

2. Tu _____ ta famille.

3. Nous _____ des animaux sauvages.

4. Vous _____ de belles fleurs.

As-tu réussi tes exercices ?

Très bien ☐   Assez bien ☐   Pas assez bien ☐

33 Le passé composé des verbes du 1er groupe

J'observe et je retiens

Terminaisons
J' **ai mangé**
Tu **as mangé**
Il/Elle/On **a mangé**
Nous **avons mangé**
Vous **avez mangé**
Ils/Elles **ont mangé**

■ Le **passé composé** est un temps du passé. Un verbe conjugué au passé composé est formé de **2 mots** : le verbe *avoir* au présent suivi du verbe terminé par **-é** (pour les verbes en **-er**).

Exemple Hier, j'ai **regardé** un film.

Je m'entraîne

1 ⋆ **Entoure les verbes conjugués au passé composé.**

tu as chanté – tu chanteras – tu chantes – elle joue – je rêverai – nous avons lavé – nous lavons – vous parlerez – vous avez parlé – vous parlez – elle a joué

2 ⋆ **Écris le pronom qui convient.**

1. _____ as rencontré un ami.

2. _____ avons parlé de notre école.

3. _____ ont échangé leurs adresses.

4. _____ ai invité un camarade.

3 ⋆⋆ **Complète le passé composé des verbes entre parenthèses.**

1. (*fermer*) Il a _____ la porte à clé.

2. (*marcher*) Tu as _____ pendant un kilomètre.

3. (*retirer*) Vous avez _____ vos chaussures avant d'entrer.

4 ⋆⋆⋆ **Conjugue le verbe *dessiner* au passé composé.**

j' _____   nous _____

tu _____   vous _____

elle _____   ils _____

- Pour l'adulte
En CE1, le passé composé est abordé uniquement avec le verbe *avoir*. L'emploi de l'auxiliaire *être* vient après.

As-tu réussi tes exercices ?

Très bien ☐   Assez bien ☐   Pas assez bien ☐

34 Le son « o » : *o • au • eau*

J'observe et je retiens

un lavabo

un landau

un bateau

Apprends par cœur l'orthographe de ces mots courants qui ont un accent circonflexe sur le « o » : *un côté ; un rôti ; un hôtel ; un trône ; une clôture ; un môme.*

Le son « o » s'écrit le plus souvent : *o – au – eau*.

Je m'entraîne

1 ★ **Entoure les lettres qui font le son « o ».**

un oiseau – une bougie – des chaussons – un bonbon – un couteau – une côte – un stylo – une autruche – un poisson – un radeau – un domino – un ballon – un piano – un taureau – un coussin – un pot – un pou – un saucisson – une clôture

2 ★★ **Complète les mots par : *o – au – eau*. Aide-toi d'un dictionnaire.**

un sab_____t – un escarg_____t – des haric_____ts – un cr_____c_____dile – un m_____t – des ch_____ssures – un mant_____ – un tabl_____ – une ép_____le – un chap_____ – un s_____cisson – un mart_____ – du ch_____c_____lat – une ph_____t_____ – un bur_____

3 ★★★ **Complète la grille de mots croisés en t'aidant des dessins.**

1.
2.
3.
4.
5.
6.
7.

As-tu réussi tes exercices ?

Le son « ê » : ai • ei • e • è • ê • et

J'observe et je retiens

un balai

la neige

un verre

une chèvre

une tête

un volet

Le son « ê » s'écrit le plus souvent : **ai – ei – e – è – ê – et**.

Je m'entraîne

1 ★ **Entoure les lettres qui font le son « ê ».**

le raisin – une lèvre – un poulet – une échelle – une fraise – de la laine – un banc – la baignoire – un lacet – une ceinture – la fête – un manège – une étoile – un bonnet – une craie

2 ★★ **Complète les mots par : ai – ei – ê – è. Aide-toi d'un dictionnaire.**

un bal___ – la for___t – une bal___ne – le nombre s___ze – une or___lle – Il se l___ve – une gu___pe – un z___bre – une fen___tre – une r___ne – une l___tue – une ar___gnée

3 ★★★ **Complète la grille de mots croisés en t'aidant des dessins.**

1.   2.    3.

4.   5.   6.

7.    8.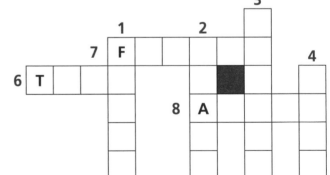

As-tu réussi tes exercices ?

Très bien ☐   Assez bien ☐   Pas assez bien ☐

J'observe et je retiens

du vin   un timbre   du pain   un essaim

un agenda   un lynx   du thym   un peintre

Le son « in » s'écrit le plus souvent : *in – im – ain – aim– en – yn – ym – ein*.

Je m'entraîne

1 ⭐ **Entoure les lettres qui font le son « in ».**

un sapin – un imperméable – le bain – l'appendicite – un daim – les impôts – une ceinture –
la laine – un poussin – une épingle – un frein – le chemin – la reine – un rein – le larynx

2 ⭐⭐ **Complète les mots par : *in – im – ain – aim – ein*. Tu peux t'aider d'un dictionnaire.**

dem_____ – un verre de v_____ – Il a f_____ – un moul_____ – une m_____ – un médec_____ –
la f_____ du film – une c_____ture – Il prend son b_____ – le nombre v_____gt – un mar_____ –
une _____firmière – un _____cendie – un couss_____ – C'est _____portant – le fr_____ du vélo

3 ⭐⭐⭐ **Complète la grille de mots croisés en t'aidant des dessins.**

1.   2.   3.

4.   5.   6.

7.   8.

As-tu réussi
tes exercices ?

Très bien ☐   Assez bien ☐   Pas assez bien ☐

37 Le son « é » : é • er • ez • et

J'observe et je retiens

une télévision

le boulanger

un nez

le rouge et le noir

Le son « é » s'écrit le plus souvent : **é – er – ez – et**.

Je m'entraîne

1 ★ **Entoure les lettres qui font le son « é ».**

le clocher – un filet – l'élève – le manège – un boucher – chanter – une épée – un dossier – une hélice – une pièce – une clé – une tête – un éclair – vous marchez – noir et blanc

2 ★★ **Complète les mots par :** é – er – ez. **Tu peux t'aider d'un dictionnaire.**

un carr_____ – un _____l_____phant – une _____glise – du papi_____ – vous dorm_____ –
le derni_____ – un bouch_____ – un n_____ – un mari_____ – le premi_____ – un h_____risson –
vous jou_____ – une _____ponge – une _____paule – vous chant_____

3 ★★★ **Complète la grille de mots croisés en t'aidant des dessins et des définitions.**
Découvre le mot écrit verticalement. Colorie-le.

1. C'est le dernier mois de l'année.

2.   **3.**

4. C'est l'ensemble des mois.

5. Ce mois n'a que vingt-huit jours.

6.

1							
2	F						
3	C				E	R	
4		N					
5							
6	É	V					

↳ _____

Pour l'adulte

Comme pour le son « ê », on retrouve avec le son « é » certaines graphies qui se prononcent « ê » en fonction des spécificités régionales.

As-tu réussi tes exercices ?

Très bien ☐   Assez bien ☐   Pas assez bien ☐

J'observe et je retiens

une tente

chanter

la tempête

une jambe

Le son « **an** » s'écrit le plus souvent : *en – an – em – am*.

Je m'entraîne

1 ★ **Entoure les lettres qui font le son « an ».**

maman – une plante – un savant – un jambon – un enfant – un panier – une banane – une chambre – le mois de novembre – une dent – le nombre cent – un ami – un animal – la température – un landau – envelopper

2 ★★ **Complète les mots par :** *en – an*. **Tu peux t'aider d'un dictionnaire.**

un f____tôme – un serp____t – un b____c – un v____tilateur – un k____gourou – une p____dule – du d____tifrice – un g____t

3 ★★ **Complète les mots par :** *em – am*. **Tu peux t'aider d'un dictionnaire.**

un ch____pignon – une ____bulance – la t____pérature – une ch____bre – une ____poule – un t____bour – une l____pe

4 ★★★ **Complète la grille de mots croisés en t'aidant des dessins.**

1.
2.
3.

A.
B.

C.
D.

	C				
A 1	T		P		T
S		B			
				D	
2	M		E		
D		L			
			G		
3 P		I			

As-tu réussi tes exercices ?

Très bien ☐   Assez bien ☐   Pas assez bien ☐

39 Les noms terminés par les sons
« ail » • « eil » • « euil » • « ouil »

J'observe et je retiens

■ **Les noms masculins** terminés par les sons « ail », « eil », « euil », « ouil » se terminent par **-il**.

Exemples

un éventail   un fauteuil

le soleil   le fenouil

■ **Les noms féminins** terminés par les sons « ail », « eil », « euil », « ouil » se terminent par **-ille**.

Exemples

une médaille   une feuille

une abeille   une citrouille

Les noms masculins formés avec le mot **feuille** se terminent par -euille.
Ex. : *un portefeuille, un millefeuille…*

Je m'entraîne

1 ⋆ **Complète les mots par :** *ail – eil – euil – ouil*.

1. Le port_____ du jardin est fermé. **2.** Il s'est cassé un ort_____. **3.** Noah met son rév_____ à l'heure. **4.** Un écur_____ saute de branche en branche. **5.** Le chevr_____ se cache dans la forêt. **6.** Maman met souvent un peu de fen_____ dans la soupe. **7.** Pour mon anniversaire, j'ai reçu un appar_____ photo.

2 ⋆⋆ **Complète les mots par :** *aille – eille – euille – ouille*.

1. Lilou boit son jus de fruits avec une p_____. **2.** Le château fort est entouré par une haute mur_____. **3.** Mets ces fruits dans la corb_____. **4.** Quand il réfléchit, Enzo se gratte l'or_____. **5.** Va remplir cette bout_____ d'eau. **6.** Mange proprement et ramasse la n_____ que tu as fait tomber par terre. **7.** Range cette f_____ dans ton classeur.

3 ⋆⋆⋆ **Classe les noms dans le tableau.**

travail   grenouille   volaille

rail   maille   portefeuille

Noms masculins	Noms féminins

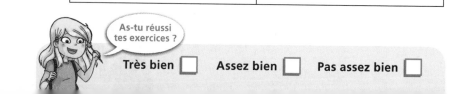

As-tu réussi tes exercices ?

Très bien ☐   Assez bien ☐   Pas assez bien ☐

40 s ou ss ?

■ La lettre **s** se prononce « **z** » entre deux voyelles et « **s** » entre une consonne et une voyelle.

■ Pour faire le son « **s** » entre deux voyelles, on écrit **ss**.

Exemples

une chaise
↑ ↑
voyelles

un ourson
↑ ↑
consonne voyelle

Exemples

un poisson
↑ ↑
voyelles

un bassin
↑ ↑
voyelles

Je m'entraîne

1 ⭐ **Souligne les mots dans lesquels la lettre s se prononce « z ».**
Entoure ceux dans lesquels la lettre s se prononce « s ».

la chaise – un blouson – un sapin – un arrosoir – la poste – un oiseau – une prison –
la salade – une analyse – une valse – une chose – une semaine – un disque

2 ⭐⭐ **Écris s uniquement dans les mots où l'on entend le son « s ».**

un bas___in   une tas___e   un héris___on   un blous___on
une chaus___ure   une mais___on   la clas___e   une poule rous___e
un ois___eau   une ceris___e   une trous___e

3 ⭐⭐ **Complète les mots avec s ou ss pour faire le son « s ».**

la cha___e   un la___o   un ca___que   du ___ucre
une chau___ette   un ___eau   il est a___is   la po___te
un ___apin   une ___ouris   un e___calier   un pou___in

4 ⭐⭐⭐ **Complète les mots pour faire soit le son « s » soit le son « z ».**

des chau___ons   une ca___erole   une fu___ée
une vali___e   une égli___e   du sauci___on
un croi___ant   une per___onne   une chemi___e

Pour l'adulte
Évoquez avec l'enfant la différence entre *poisson* et *poison*.

As-tu réussi tes exercices ?

Très bien ☐   Assez bien ☐   Pas assez bien ☐

41 c ou ç ?

J'observe et je retiens

■ La lettre **c** se prononce « **s** » devant **e** et **i**.

Exemples

un pou**c**e

une **c**ible

■ Pour faire le son « **s** » devant **a**, **o** et **u**, on écrit **ç**.

Exemples

le drapeau français

Le gar**ç**on a re**ç**u du courrier.

Je m'entraîne

1 ⋆ **Souligne les mots dans lesquels la lettre c se prononce « s ».**

un berceau – un cube – une école – une balance – des cerises – un cartable – un pinceau – une puce – du cirage – un banc – un coq – du citron – un lacet

2 ⋆ **Entoure en rouge la lettre qui se trouve à droite de la lettre ç.**

un Français – un commerçant – une gerçure – un remplaçant – un caleçon – un reçu – Nous grinçons des dents. – une leçon

3 ⋆⋆ **Écris les mots qui correspondent à chaque dessin. Utilise les étiquettes qui conviennent.**

li	çon
con	ma

ça	cas
de	ca

pa	ba	re
coi	lan	çoi

_____   _____   _____

4 ⋆⋆⋆ **Complète les mots avec c ou ç pour faire le son « s ».**

1. J'habite en Fran_____e. **2.** Le gar_____on apprend sa le_____on. **3.** Je parle le fran_____ais.

4. Le ma_____on prépare du _____iment. **5.** Fran_____is repeint la fa_____ade de sa maison avec des pin_____eaux neufs. **6.** Le poisson a mordu à l'hame_____on. **7.** Il pousse un cri per_____ant.

As-tu réussi tes exercices ?

Très bien ☐   Assez bien ☐   Pas assez bien ☐

42 *g, ge* ou *gu* ?

J'observe et je retiens

■ La lettre *g* se prononce « **j** » devant *e* et *i*.

Exemples   une oran**ge**   un ma**gi**cien

■ Devant *a* et *o* on écrit *ge* pour faire « **j** ».

Exemples   une oran**ge**ade   un ca**ge**ot

■ La lettre *g* se prononce « **g** » devant *a, o* et *u*.

Exemples   une **ga**re   une **go**mme   la fi**gu**re

■ Devant *i* et *e*, on écrit *gu* pour faire « **g** ».

Exemples   une **gu**itare   une ba**gu**e

Je m'entraîne

1 ⋆ **Complète les mots avec *g* ou *ge* pour faire le son « *j* ».**

1. Le rou____e-gor____e picore des graines dans la man____oire ; puis il s'asper____e d'eau et éclabousse toute sa ca____e.

2. Dans ses baga____es, le ma____icien a ran____é un pi____on, une robe rou____e et une bou____ie collée sur un bou____oir.

2 ⋆⋆ **Complète les mots avec *g* ou *gu* pour faire le son « *g* ».**

1. Le ____arçon s'est mordu la lan____e. **2.** Ce ____amin cueille des mar____erites.

3. Dans le ____renier, j'ai trouvé une lon____e écharpe et une ca____oule ____rise. **4.** Pour son ____oûter, ____illaume a préparé un morceau de ____ruyère avec de la confiture de fi____es.

3 ⋆⋆ **Écris les mots qui correspondent à chaque dessin. Utilise les étiquettes qui conviennent.**

na	re
geoi	goi

es	got
geot	car

dé	na	gue
ge	ment	mé

_____   _____   _____

4 ⋆⋆⋆ **Complète les mots avec *g – ge – gu*.**

un ____enou – un ____idon – une ____ifle – la ____erre – un wa____on – une pla____e – une ____are – un a____ent – une lan____e – Nous ran____ons les livres. – un bour____on

As-tu réussi tes exercices ?

Très bien ☐   Assez bien ☐   Pas assez bien ☐

43 *a* • *à*

J'observe et je retiens

■ *a* (sans accent) : c'est le verbe *avoir* au présent. On peut le remplacer par *avait*.

Exemple

Le footballeur **a** un maillot jaune et vert.
Le footballeur **avait** un maillot jaune et vert.

■ *à* (avec accent) : on **ne peut pas** le remplacer par *avait*.

Exemple

Le joueur s'entraîne **à** Paris.
Le joueur s'entraîne ~~avait~~ Paris.

Je m'entraîne

1 ★ **Recopie les phrases en remplaçant** *avait* **par** *a*.

1. Sarah **avait** dessiné un bateau. → _____

2. Il **avait** des voiles blanches et bleues. → _____

3. Elle **avait** accroché son dessin au mur. → _____

2 ★★ **Mets l'accent sur les** *a* **quand il le faut.**

Chaque semaine, les élèves vont **a** la piscine **a** pied. Lucie **a** oublié son maillot de bain. Le maître-nageur lui prête un maillot **a** rayures. Lucas **a** perdu sa serviette dans les vestiaires. Axel ne se baigne pas, il **a** peur d'aller dans le grand bain.

3 ★★★ **Indique par une croix l'orthographe qui convient.**

Mon frère ☐ a ☐ à commencé ☐ a ☐ à marcher ☐ a ☐ à un an. Il fait de la voiture ☐ a ☐ à

pédales dans la salle ☐ a ☐ à manger. Il ☐ a ☐ à déchiré le tapis ; il ☐ a ☐ à aussi cassé un vase.

4 ★★★ **Complète par** *a* **ou** *à*.

Aujourd'hui, papa _____ acheté un ordinateur. Je reste _____ la maison pour l'aider _____ l'installer. Il n'arrive pas _____ l'allumer. Il _____ mal _____ la tête. Il y _____ trop de choses compliquées _____ faire.

As-tu réussi tes exercices ?

Très bien ☐ Assez bien ☐ Pas assez bien ☐

44 sont • son

J'observe et je retiens

■ **sont** : c'est le verbe **être** au présent.
On peut le remplacer par **étaient**.

> Exemple
>
> Les enfants **sont** au bord de la mer.
> Les enfants **étaient** au bord de la mer.

■ **son** peut être remplacé par
un déterminant (*mon, le, ton...*).

> Exemple
>
> Matéo a perdu **son** maillot de bain.
> Matéo a perdu **mon** maillot de bain.

Je m'entraîne

1 ⋆ **Recopie les phrases en remplaçant** *étaient* **par** *sont*.

1. Les marchands **étaient** installés sur la place. → _____

2. Les fruits du marché **étaient** chers. → _____

3. Les clients **étaient** servis en même temps. → _____

2 ⋆⋆ **Recopie les phrases en remplaçant le déterminant souligné par** *son*.

1. Axel me prête <u>un</u> livre. → _____

2. <u>Ton</u> frère a perdu <u>un</u> stylo. → _____

3. <u>Le</u> goûter est rangé dans <u>mon</u> cartable. → _____

3 ⋆⋆ **Indique par une croix la réponse qui convient.**

Les joueurs ☐ sont / ☐ son malades et les matchs ☐ sont / ☐ son annulés. Théo prête ☐ sont / ☐ son ballon

aux enfants qui ☐ sont / ☐ son sur le stade. Il range ☐ sont / ☐ son maillot dans ☐ sont / ☐ son sac à dos.

4 ⋆⋆⋆ **Complète par** *sont* **ou** *son*.

Ces fruits _____ abîmés. Les pommes _____ mûres ; Maëlis les cueille et les met dans _____ sac. Ces poires _____ sucrées. Il ramasse _____ panier et l'attache sur _____ vélo.

As-tu réussi tes exercices ?

Très bien ☐   Assez bien ☐   Pas assez bien ☐

J'observe et je retiens

■ **est** : c'est le verbe **être** au présent.
On peut le remplacer par **était**.

Exemple

La voiture **est** dans le garage.
La voiture **était** dans le garage.

■ **et** : on peut le remplacer par **et aussi** ou **et puis**.

Exemple

Il a peint sa voiture en rouge **et** noir.
Il a peint sa voiture en rouge **et aussi** en noir.

Je m'entraîne

1 ⭐ **Recopie les phrases en remplaçant *était* par *est*.**

1. Mon chat **était** tout noir. → _____

2. Il **était** âgé de huit ans. → _____

3. Ce chat **était** très drôle. → _____

2 ⭐ **Recopie les phrases en remplaçant les mots soulignés par *et*.**

1. Léa adore les puzzles <u>et puis</u> les coloriages. → _____

2. Elle découpe les images <u>et puis</u> les photos. → _____

3. Elle collectionne les timbres <u>et aussi</u> les stylos. → _____

3 ⭐⭐ **Barre les étiquettes qui ne conviennent pas.**

Élise se promène sur la plage ⟨est⟩ ⟨et⟩ ramasse des coquillages ⟨est⟩ ⟨et⟩ des galets. La marée ⟨est⟩ ⟨et⟩ basse ⟨est⟩ ⟨et⟩ de nombreux rochers sont découverts. Un petit crabe ⟨est⟩ ⟨et⟩ effrayé ⟨est⟩ ⟨et⟩ se cache. Élise avance avec précaution ⟨est⟩ ⟨et⟩ fait attention de ne pas glisser sur les algues ⟨est⟩ ⟨et⟩ de ne pas tomber dans une mare d'eau.

4 ⭐⭐⭐ **Complète par *est* ou *et*.**

Ce camion _____ arrêté au milieu de la rue _____ il gêne la circulation. Seuls, les motos _____ les cyclistes arrivent à passer. Il _____ en panne _____ le chauffeur attend la dépanneuse. Il _____ impossible de faire plus vite…

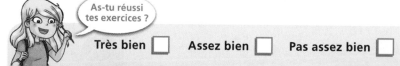

As-tu réussi tes exercices ?

Très bien ☐ Assez bien ☐ Pas assez bien ☐

46 ont • on

J’observe et je retiens

■ **ont** : c’est le verbe *avoir* au présent.

> On peut le remplacer par **avaient**.

Exemple

Les élèves **ont** visité un musée.
Les élèves **avaient** visité un musée.

■ **on** : c’est le sujet du verbe.

> On peut le remplacer par **il** ou **elle**.

Exemple

Au musée, **on** parle à voix basse.
Au musée, **il** parle à voix basse.

Je m’entraîne

1 ⋆ **Recopie les phrases en remplaçant** *avaient* **par** *ont*.

1. Mes parents **avaient** fait un beau voyage. → _____

2. Ils **avaient** visité la ville de Chicago. → _____

3. Les gens **avaient** de grosses voitures. → _____

2 ⋆ **Recopie les phrases en remplaçant** *il* **par** *on*.

1. À la fête de l’école, **il** a gagné des peluches. → _____

2. Ce matin, **il** achète des billets de loterie. → _____

3. **Il** est sûr de remporter le gros lot. → _____

3 ⋆⋆ **Barre les étiquettes qui ne conviennent pas.**

À la piscine, ☐ont☐ ☐on☐ apprend à nager et ☐ont☐ ☐on☐ joue au ballon dans l’eau.
☐Ont☐ ☐On☐ dit aux enfants fatigués d’aller sur un banc car ils ☐ont☐ ☐on☐ besoin de repos.
☐Ont☐ ☐On☐ gronde les enfants qui ☐ont☐ ☐on☐ fait des bêtises et ceux qui ☐ont☐ ☐on☐ crié.

4 ⋆⋆⋆ **Complète par** *ont* **ou** *on*.

Comme _____ est bien quand _____ est en vacances ! _____ n’est pas obligé de se lever le matin et _____ passe des heures à jouer. Mes copains _____ l’autorisation de venir à la maison. Maman prépare toujours des gâteaux pour ceux qui _____ faim.

As-tu réussi tes exercices ?

Très bien ☐   Assez bien ☐   Pas assez bien ☐

47 ou • où

■ *ou* (sans accent) peut se remplacer par *ou bien*.

Exemple

Que préfères-tu :
la mer **ou** la montagne ?

■ *où* (avec accent) indique **un lieu**, **un endroit**. On ne peut pas le remplacer par *ou bien*.

Exemple

La maison **où** tu passes tes vacances est en Vendée.

Je m'entraîne

1 ★ **Recopie les phrases en remplaçant** *ou bien* **par** *ou*.

1. Tu as un bateau à voiles **ou bien** à moteur ? → _____

2. Il est au port **ou bien** dans un garage ? → _____

3. Tu navigues l'été **ou bien** l'hiver ? → _____

2 ★★ **Mets l'accent grave sur** *ou* **quand il le faut.**

Tu veux aller à Paris **ou** en province ? Tu ne sais pas **ou** tu veux partir. Il faut choisir entre la ville **ou** la campagne. **Ou** habites-tu en ce moment ? C'est une grande ville **ou** un village ? L'endroit **ou** tu vis est loin de la capitale.

3 ★★ **Barre les étiquettes qui ne conviennent pas.**

Je ne sais pas | ou | où | installer mon ordinateur. Je peux le placer sur une étagère | ou | où | sur mon bureau. | Ou | Où | se trouve la prise de courant la plus proche ? Maintenant, je vais pouvoir envoyer des messages à mes amis | ou | où | en recevoir.

4 ★★★ **Complète par** *ou* **ou** *où*.

Je ne sais pas _____ dort mon chat. Il est dans une armoire _____ sur un lit. Peux-tu m'aider _____ préfères-tu me laisser chercher seul ? _____ peut-il être ? Dehors _____ dans la maison ? Si tu l'as vu, dis-moi _____ il est.

Pour l'adulte

Après cette série de leçons, demandez à l'enfant d'inventer des phrases dans lesquelles on retrouvera *a/à*, *et/est*, *on/ont*, *son/sont*, *ou/où*.

As-tu réussi tes exercices ?

Très bien ☐ **Assez bien** ☐ **Pas assez bien** ☐

48 Le féminin des noms : règle générale

■ En règle générale, on obtient le **féminin d'un nom** en ajoutant **e** au nom masculin.

Exemples

un marié   une mariée

un Gaulois   une Gauloise

Le **nom** et l'**article** ont toujours **le même genre** :
nom féminin → article féminin ;
nom masculin → article masculin.

Je m'entraîne

1 ⋆ **Classe les noms dans le tableau.**

un gamin   un marchand

une gamine   une marchande

un voisin   une employée

une voisine   un employé

Noms masculins	Noms féminins

2 ⋆⋆ **Écris le féminin des noms.**

1. un absent → une _____

2. un gourmand → une _____

3. un président → une _____

4. le bavard → la _____

5. un Anglais → une _____

6. un Allemand → une _____

7. le géant → la _____

8. François → _____

3 ⋆⋆⋆ **Écris les noms au masculin.**

1. une Espagnole → _____

2. la cousine → _____

3. la blessée → _____

4. une renarde → _____

5. l'étudiante → _____

6. une inconnue → _____

7. une ennemie → _____

8. une Chinoise → _____

As-tu réussi tes exercices ?

Très bien ☐   Assez bien ☐   Pas assez bien ☐

J'observe et je retiens

■ Les noms masculins terminés par *-ier* font leur féminin en *-ière*.

Exemple

un fermi**er**   une fermi**ère**

■ Les noms masculins terminés par *-er* font leur féminin en *-ère*.

Exemple

un boulang**er**   une boulang**ère**

Je m'entraîne

1 ★ Écris les noms au féminin.

1. le prisonnier → la _____

2. un sorcier → une _____

3. un ouvrier → une _____

4. le premier → la _____

5. un épicier → une _____

2 ★ Écris le masculin des noms.

1. une laitière → un _____

2. une teinturière → un _____

3. l'écolière → l'_____

4. la couturière → le _____

5. une cavalière → un _____

3 ★★ Écris les noms au féminin.

1. le pâtissier → la _____

2. le conseiller → _____

3. un gaucher → _____

4 ★★ Écris le masculin des noms.

1. la bergère → le _____

2. une étrangère → _____

3. une écuyère → _____

5 ★★★ Recopie les phrases en écrivant au féminin les noms soulignés.

1. Le cuisinier prépare une sauce.

_____

2. Le boulanger se lève tôt.

_____

3. Le caissier rend la monnaie.

_____

As-tu réussi tes exercices ?

Très bien ☐   **Assez bien** ☐   **Pas assez bien** ☐

50 Les féminins particuliers

■ Certains noms masculins **doublent leur consonne finale** au féminin.

Exemple

un chat   une chatte

■ Certains noms féminins sont totalement **différents** des noms masculins.

Exemple

un garçon   une fille

Je m'entraîne

1 ★ **Écris les noms au féminin.**

1. un Parisien → une _____

2. un lion → une _____

3. un Indien → une _____

4. un muet → une _____

2 ★ **Écris le masculin des noms.**

1. une espionne → un _____

2. une comédienne → un _____

3. la paysanne → le _____

4. la patronne → le _____

3 ★★ **Complète les mots.**

Dans cet immeuble, la gardien_____ connaît tous ses locataires. La pharmacien_____ habite au rez-de-chaussée. La dame du premier est une champion_____ de tennis. Le monsieur du deuxième possède une adorable petite chien_____. Le dernier étage est occupé par une célèbre musicien_____.

4 ★★ **Relie les noms masculins et féminins qui vont ensemble.**

le coq •   • la cane

le cheval •   • la chèvre

le canard •   • la poule

le bouc •   • la vache

le taureau •   • la jument

5 ★★★ **Écris les noms féminins correspondant aux noms masculins.**

1. un homme → une _____

2. mon frère → ma _____

3. le père → la _____

4. le fils → la _____

5. ton oncle → ta _____

As-tu réussi tes exercices ?

Très bien ☐   Assez bien ☐   Pas assez bien ☐

51 Les lettres finales muettes

J'observe et je retiens

■ À la fin de certains mots, la dernière lettre ne s'entend pas. Ce sont des **lettres muettes**.

Exemples

un ron**d**

un toi**t**

■ Pour trouver la lettre finale muette d'un mot, on cherche le **féminin du mot** ou un **mot de la même famille**.

un rond → une ronde
un toit → une toiture

Je m'entraîne

1 ★ **Lis les mots et entoure les lettres muettes quand il y en a.**

lynx   ours   Gaulois   lit   peur   chat

2 ★★ **Écris la lettre finale des mots en t'aidant de leur féminin.**

1. une intruse → un intru____ **2.** une Anglaise → un Anglai____ **3.** une marchande → un marchan____

4. une bavarde → un bavar____ **5.** une candidate → un candida____ **6.** une sourde → un sour____

3 ★★ **Complète les phrases avec le mot qui convient. (Aide-toi du mot écrit entre parenthèses.)**

1. Ce cavalier mène son cheval au _____ *(galoper)*. **2.** Le sportif a fait un _____ *(sauter)* de plusieurs mètres. **3.** Nous allons apprendre un nouveau _____ *(chanteur)*. **4.** Les soldats se mettent en _____ *(rangée)* avant de défiler.

4 ★★★ **Écris la lettre finale des mots.**

un pay____ – un comba____ – un mon____ – le do____ – un trico____ – du lai____ – le repo____ – le san____ – un acciden____ – un Françai____ – un po____ – un pa____ – un cam____ – un Alleman____

As-tu réussi tes exercices ?

Très bien ☐   **Assez bien** ☐   **Pas assez bien** ☐

Le pluriel des noms : règle générale

J'observe et je retiens

■ En règle générale, on obtient le **pluriel d'un nom** en ajoutant **-s** au nom singulier.

Exemples

un garçon   des garçons   une fille   des filles

L'**article** et le **nom** ont toujours **le même nombre** :
article singulier → nom singulier ;
article pluriel → nom pluriel.

Je m'entraîne

1 ⋆ **Classe les noms dans le tableau.**

le camion – l'avion – les vélos

des voitures – les motos – un taxi

l'ambulance – les cars

Noms singuliers	Noms pluriels

2 ⋆⋆ **Écris s à la fin des noms quand c'est nécessaire.**

des mouton_____ – un lapin_____ – deux lion_____ – une girafe_____ – l'éléphant_____ –
le renard_____ – une otarie_____ – les singe_____ – plusieurs tigre_____ – l'antilope_____ –
cinq chèvre_____ – une biche_____ – mes chat_____ – tes chien_____ – l'hirondelle_____

3 ⋆⋆ **Écris les noms au pluriel.**

1. un âne → _____   2. un pigeon → _____

3. un bison → _____   4. un perroquet → _____

5. une grenouille → _____   6. une baleine → _____

4 ⋆⋆⋆ **Récris les phrases en mettant les mots soulignés au pluriel.**
Utilise les déterminants *des* et *mes*.

J'ai acheté <u>un poisson</u> pour <u>mon chat</u>. Pour faire <u>une tarte</u>, j'ai rapporté aussi <u>une pomme</u>, <u>une poire</u> et <u>un ananas</u>.

→ _____

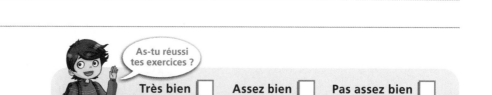

As-tu réussi tes exercices ?

Très bien ☐   Assez bien ☐   Pas assez bien ☐

53 Le pluriel des noms en -eau, -au, -eu

J'observe et je retiens

■ Les noms terminés par **-eau** et **-au** font leur pluriel en **-eaux** et **-aux**.

Exemples

un gât**eau**   des gât**eaux**

un noy**au**   des noy**aux**

■ Les noms terminés par **-eu** prennent un **x** au pluriel.

Exemple

un feu   des feu**x**

Exceptions : 3 noms prennent un *s* au pluriel : un landau → des landau**s** ; un pneu → des pneu**s** ; un bleu → des bleu**s**.

Je m'entraîne

1 ⭐ **Écris le pluriel des noms.**

1. le râteau → les _____

2. le tableau → les _____

3. un bateau → des _____

4. un troupeau → des _____

2 ⭐⭐ **Écris les noms au pluriel.**

1. un étau → des _____

2. le tuyau → les _____

3. le joyau → les _____

4. un landau → des _____

3 ⭐⭐ **Mets les noms au pluriel.**

1. un cheveu → _____

3. un pieu → _____

5. un jeu → _____

7. un pneu → _____

2. un neveu → _____

4. un dieu → _____

6. un milieu → _____

8. un bleu → _____

4 ⭐⭐⭐ **Écris les noms au singulier ou au pluriel.**

1. des couteaux → _____

3. un oiseau → _____

5. un adieu → _____

7. des corbeaux → _____

9. des esquimaux → _____

2. un rideau → _____

4. un lieu → _____

6. des landaus → _____

8. un boyau → _____

10. des enjeux → _____

As-tu réussi tes exercices ?

Très bien ☐   Assez bien ☐   Pas assez bien ☐

54 Le pluriel des noms en -ou

■ Les noms singuliers terminés par **-ou** font leur pluriel en **-ous**.

Exemples

un clou   des clous

un écrou   des écrous

■ **Exceptions :** un bijou → des bijou**x** – un caillou → des caillou**x** – un chou → des chou**x** – un genou → des genou**x** – un hibou → des hibou**x** – un joujou → des joujou**x** – un pou → des pou**x**.

Je m'entraîne

1 ★ **Écris le pluriel des noms.**

1. un cou → des _____

2. un sou → des _____

3. un coucou → des _____

4. un verrou → des _____

2 ★★ **Écris les noms au pluriel.**

1. un chou → des _____

2. un bijou → des _____

3. un caillou → des _____

4. un joujou → des _____

3 ★★ **Recopie les phrases en mettant les mots soulignés au pluriel.**

1. Les souris se sauvent devant le matou.

→ _____

2. En visitant le zoo, j'ai aperçu un caribou.

→ _____

3. Le hibou et les aigles sont des espèces protégées.

→ _____

4 ★★★ **Complète les noms avec la terminaison qui convient : -ou, -ous, -oux.**

des p_____ – un bamb_____ – les gen_____ – des mér_____ – un bis_____ – des voy_____ – un tr_____ – des hind_____ – des kangour_____ – un f_____

As-tu réussi tes exercices ?

Très bien ☐   Assez bien ☐   Pas assez bien ☐

J'observe et je retiens

■ En règle générale, on obtient **le féminin d'un adjectif** en ajoutant **e** au masculin.

Exemple

un camion noir   une voiture noire

■ Certains adjectifs **doublent leur consonne finale** au féminin.

Exemple

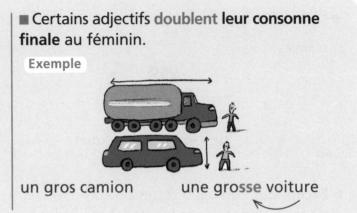

un gros camion   une grosse voiture

Je m'entraîne

1 ⭐ **Indique par une croix si l'adjectif est au masculin ou au féminin.**

petite ☐ masculin ☐ féminin   vert ☐ masculin ☐ féminin   joli ☐ masculin ☐ féminin   salée ☐ masculin ☐ féminin

2 ⭐⭐ **Écris les adjectifs au féminin.**

une veste gris_____ – une fille blond_____ – une automobile bleu_____ – une herbe haut_____ – une grand_____ table – une lourd_____ caisse – une mauvais_____ adresse

3 ⭐⭐ **Écris au féminin les adjectifs entre parenthèses.**

1. une école (*maternel*) _____

2. une (*ancien*) _____ élève

3. une table (*bas*) _____

4. une (*bon*) _____ recette

5. une fête (*annuel*) _____

6. une (*gentil*) _____ fille

7. une image (*net*) _____

8. une (*épais*) _____ fumée

4 ⭐⭐⭐ **Complète les phrases en écrivant au féminin l'adjectif entre parenthèses.**

1. (*sucré*) Il boit un verre d'eau _____ .

2. (*mortel*) Cet alpiniste a fait une chute _____ .

3. (*violent*) Une _____ tempête a couché les arbres du parc.

4. (*cru*) Ne mange pas cette viande _____ .

┌─ Pour l'adulte ─────
│ Faites remarquer à l'enfant
│ l'analogie entre le féminin des noms
│ et le féminin des adjectifs.
└─────────────────

 As-tu réussi tes exercices ?

Très bien ☐   **Assez bien** ☐   **Pas assez bien** ☐

Le féminin des adjectifs :
cas particuliers

■ Les adjectifs terminés par **-eux** font leur féminin en **-euse**.

Exemple

un garçon nerv**eux**
une fille nerv**euse**

■ Les adjectifs terminés par **-eur** font leur féminin en **-euse**.

Exemple

un garçon travaill**eur**
une fille travaill**euse**

■ Les adjectifs terminés par **-er** font leur féminin en **-ère**.

Exemple

un garçon gauch**er**
une fille gauch**ère**

Je m'entraîne

1 ⭐ **Écris les adjectifs soulignés au féminin.**

1. un chien <u>heureux</u> → une chienne _____

2. un sentier <u>boueux</u> → une route _____

3. un jouet <u>coûteux</u> → une voiture _____

4. un garçon <u>fiévreux</u> → une fille _____

2 ⭐ **Écris les adjectifs au féminin.**

1. rieur → _____

2. songeur → _____

3. rêveur → _____

4. tricheur → _____

3 ⭐⭐ **Écris au féminin les adjectifs entre parenthèses.**

1. une fille *(grossier)* _____

2. la *(dernier)* _____ page

3. une histoire *(policier)* _____

4. une nation *(étranger)* _____

5. une journée *(printanier)* _____

6. une expression *(familier)* _____

4 ⭐⭐⭐ **Complète le tableau en écrivant les adjectifs au masculin ou au féminin.**

Masculin	Féminin
un gâteau délicieux	une tarte _____
un homme _____	une femme courageuse
un animal voleur	une bête _____
un garçon _____	une fille menteuse
un paquet léger	une lettre _____

As-tu réussi tes exercices ?

Très bien ☐   Assez bien ☐   Pas assez bien ☐

57 Le pluriel des adjectifs : règle générale

J'observe et je retiens

■ En règle générale, les adjectifs prennent un *-s* au pluriel.

Exemples

un short vert → **des** shorts verts
une chemise verte → **des** chemises vertes

■ Les adjectifs terminés par *-s* ou *-x* ne changent pas au pluriel.

Exemples

un pull gris → **des** pulls gris
un pull doux → **des** pulls doux

Je m'entraîne

1 ★ **Complète le pluriel des adjectifs en violet.**

un avion bruyant → des avions **bruyant**_____ – un gâteau sucré → des gâteaux **sucré**_____ – un fruit mûr → des fruits **mûr**_____ – un cartable léger → des cartables **léger**_____ – un arbre mort → des arbres **mort**_____ – un joli tableau → des **joli**_____ tableaux.

2 ★★ **Écris les adjectifs entre parenthèses au pluriel.**

1. *(jaune)* des pommes _____

2. *(sale)* des mains _____

3. *(rouge)* des fleurs _____

4. *(triste)* des histoires _____

5. *(fragile)* des assiettes _____

6. *(énorme)* des montagnes _____

3 ★★ **Écris au pluriel les adjectifs entre parenthèses.**

1. *(gros)* Ces _____ avions transportent des véhicules de luxe.

2. *(soigneux)* Les élèves _____ ont rangé leur cartable.

3. *(précis)* Il a des souvenirs _____ de son voyage en Italie.

4. *(lumineux)* Des signaux _____ indiquent un danger.

4 ★★★ **Complète les phrases en écrivant au pluriel les adjectifs entre parenthèses.**

1. Tes jeux *(électronique)* _____ ne peuvent pas fonctionner avec des piles *(usée)* _____.

2. Ces *(vieux)* _____ jouets ont des *(petite)* _____ pièces *(dangereuse)* _____ pour les *(jeune)* _____ enfants.

As-tu réussi tes exercices ?

Très bien ☐ **Assez bien** ☐ **Pas assez bien** ☐

58 Le pluriel des adjectifs : cas particuliers

■ Les adjectifs terminés par **-au** prennent un **-x** au pluriel.

Exemple

un livre nouve**au**

des livres nouve**aux**

■ Les adjectifs terminés par **-al** s'écrivent **-aux** au pluriel.

Exemple

un livre origin**al**

des livres origin**aux**

Je m'entraîne

1 ⋆ **Écris les adjectifs entre parenthèses au pluriel.**

1. J'ai deux frères *(jumeau)* _____ qui se nomment Noah et Ethan.

2. Pour mon anniversaire, j'ai reçu plusieurs *(beau)* _____ livres.

3. Les bébés *(esquimau)* _____ sont habitués au froid.

2 ⋆⋆ **Écris les adjectifs soulignés au pluriel.**

1. un fruit <u>tropical</u> → des fruits _____

2. un cadeau <u>royal</u> → des cadeaux _____

3. un colis <u>postal</u> → des colis _____

4. un enfant <u>brutal</u> → des enfants _____

5. un exercice <u>oral</u> → des exercices _____

6. un repas <u>familial</u> → des repas _____

3 ⋆⋆⋆ **Complète le tableau.**

Singulier	_____	amical	_____	total	_____
Pluriel	muraux	_____	verticaux	_____	égaux

4 ⋆⋆⋆ **Complète les phrases en écrivant au pluriel les adjectifs entre parenthèses.**

1. *(spatial)* Les vols _____ sont de plus en plus sûrs.

2. *(horizontal)* Ces traits _____ ont été tracés avec une règle.

3. *(régional)* Ce restaurant ne sert que des plats _____.

4. *(nouveau)* De _____ élèves sont arrivés dans l'école.

As-tu réussi tes exercices ?

Très bien ☐   Assez bien ☐   Pas assez bien ☐

J'observe et je retiens

■ **L'adjectif** et le **déterminant** s'accordent avec le **nom**.

Si le **nom** est au singulier, le **déterminant** et les **adjectifs** sont au **singulier**.

Si le **nom** est au pluriel, le **déterminant** et les **adjectifs** sont au **pluriel**.

Exemples

un <u>arbre</u> mort

une <u>branche</u> morte

une grosse <u>branche</u> morte

Exemples

des <u>arbres</u> morts

des <u>branches</u> mortes

des grosses <u>branches</u> mortes

Je m'entraîne

1 ★ **Complète avec un article singulier et accorde les adjectifs avec le nom.**

1. _____ pommier fleuri_____
2. _____ branche bas_____
3. _____ arbre fruitier_____
4. _____ fleur bleu_____
5. _____ petit_____ buisson
6. _____ grand_____ forêt
7. _____ lieu ombragé_____
8. _____ bel_____ plante vert_____

2 ★★ **Complète avec un déterminant pluriel et fais les accords nécessaires.**

1. _____ sentier_____ forestier_____
2. _____ feuille_____ mort_____
3. _____ sapin_____ dénudé_____
4. _____ branche_____ cassé_____
5. _____ champignon_____ mortel_____
6. _____ plante_____ vert_____
7. _____ petit_____ buisson_____ rouge_____
8. _____ jeune_____ haie_____ taillé_____

3 ★★★ **Complète le tableau en écrivant les expressions au singulier ou au pluriel.**

Singulier	Pluriel
une route sombre	_____
_____	des aiguilles piquantes
un grand arbre déraciné	_____
_____	des vieux troncs pourris

As-tu réussi tes exercices ?

Très bien ☐ Assez bien ☐ Pas assez bien ☐

60 L'accord du verbe avec son sujet

■ Le **verbe s'accorde** avec **le sujet**.

> Si le **sujet** est au singulier, le **verbe** ou les verbes s'écrivent au **singulier**.

Exemples

un avion décolle

un avion s'envole

un avion décolle et s'envole

> Si le **sujet** est au pluriel, le **verbe** ou les verbes sont au **pluriel**.

Exemples

des avions décollent

des avions décollent et s'envolent

un avion et un hélicoptère s'envolent

Je m'entraîne

1 ⭐ **Écris au présent les verbes entre parenthèses en les accordant avec le sujet souligné.**

1. Le gardien *(arrêter)* _____ le ballon.

2. La fillette *(allumer)* _____ la télévision.

3. Le supporter *(encourager)* _____ les joueurs.

4. Elle *(enfiler)* _____ son maillot de sport et *(lacer)* _____ ses baskets.

5. Le basketteur *(tirer)* _____ et *(marquer)* _____ un panier.

2 ⭐⭐ **Souligne les sujets et écris les terminaisons qui conviennent (e ou *ent*).**

1. Le cheval saut_____ par-dessus la haie. 2. Les vaches chass_____ les mouches avec leur queue. 3. Le berger et son chien surveill_____ les bêtes. 4. Des moutons s'éloign_____ du troupeau. 5. Il apport_____ de l'eau aux bêtes. Elles march_____ vers l'abreuvoir.

3 ⭐⭐⭐ **Écris au présent les verbes entre parenthèses.**

1. Mon frère et ma sœur *(déjeuner)* _____ chaque matin à huit heures.

2. Manon *(manger)* _____ des tranches de brioche.

3. Evan *(couper)* _____ et *(beurrer)* _____ des tartines de pain.

4. Ils *(laver)* _____ et *(ranger)* _____ leur bol avant de partir à l'école.

5. Les enfants *(arriver)* _____ toujours à l'heure en classe.

As-tu réussi tes exercices ?

Très bien ☐   Assez bien ☐   Pas assez bien ☐

POUR LE CAHIER :

Illustration de couverture (et pictos enfants) : Cyrielle – **Illustrations intérieures :** Caroline Modeste
Conception graphique (couverture) : Yannick Le Bourg et Raphaël Hadid – **Mise en pages :** Patrick Leleux PAO

POUR LE MÉMENTO VISUEL DÉTACHABLE :

Illustrations : Alice De Page (personnages en buste) et Frédéric Bélonie – **Mise en pages :** Eskimo

© **Éditions Magnard, 2019, Paris.**
www.joursoir.fr

N° d'ISSN : 2265-1055

Achevé d'imprimer en France par Imprimerie IPS
Dépôt légal : Décembre 2018 – N° éditeur : MAGSI20191133

Les sons et les lettres

J'entends « o »
Je vois o – au – eau
moto   landau   bateau

J'entends « é »
Je vois é – er – ez – et
clé   boucher   nez   noir et rouge

J'entends « ê »
Je vois ê – è – ai – ei – e – et

tête   manège   chaise
peigne   verre   bonnet

J'entends « in »
Je vois in/im – ain/aim
– yn/ym – ein – en

vingt   timbre   pain
daim   lynx   cymbale
peintre   agenda

J'entends « an »
Je vois en/em – an/am

tente   tempête
plante   jambe

J'entends « euil »
Je vois euil/euille

fauteuil   feuille

J'entends « ail »
Je vois ail/aille

éventail   médaille

J'entends « eil »
Je vois eil/eille

soleil   abeille

La phrase

La phrase est **une suite de mots** qui a un sens.

Elle commence par une lettre majuscule.

Elle se termine par un point.

Le jardinier arrache les mauvaises herbes.

Le **nom** est un mot qui désigne un animal, une personne, une chose, un endroit.

L'**adjectif** donne des renseignements sur le nom.

Le **verbe** est un mot qui dit ce que fait le sujet (le jardinier). On désigne le verbe par son infinitif. (L'infinitif de *arrache* est *arracher*.)

Les **déterminants** sont des petits mots placés devant les noms. Les déterminants *le, la, les, l', un, une, des* sont appelés **articles**.

La phrase déclarative donne une information.	Il arrache l'herbe.
La phrase interrogative pose une question.	Est-ce qu'il arrache l'herbe ?
La phrase impérative donne un ordre.	Arrache l'herbe !
Une phrase à la **forme négative** indique que l'action ne se fait **pas**. *Il n'arrache pas l'herbe.*	

Le sujet et le verbe

Le verbe peut changer de forme. On dit qu'il se conjugue.

Le joueur

enfile
enfilera
enfilait

ses chaussettes noires.

Sujet du verbe enfiler

Qui est-ce qui enfile ses chaussettes ?

C'est le joueur.

Les pronoms

Pronoms singuliers je – tu – il – elle – on	Pronoms pluriels nous – vous – ils – elles
Timoté range ses livres. Il range ses livres.	**Les garçons** regardent un livre. Ils regardent un livre.
Léa range sa chambre. Elle range sa chambre.	**Les filles** écrivent une lettre. Elles écrivent une lettre.

Le masculin et le féminin

Noms masculins

un garçon
le vélo
l' éléphant

↓

Articles masculins

Noms féminins

une fille
la pomme
l' échelle

↓

Articles féminins

Le singulier et le pluriel

On parle d'une seule chose.

↓

Le nom est au singulier.

une pomme
un chat
le vélo
la chaise
l' étoile

↓

Articles singuliers

On parle de plusieurs choses.

↓

Le nom est au pluriel.

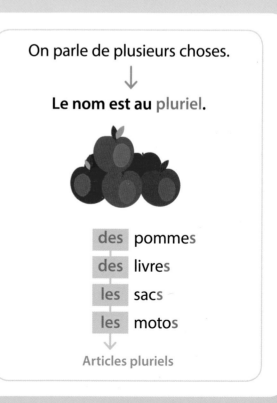

des pommes
des livres
les sacs
les motos

↓

Articles pluriels

Le féminin et le pluriel des noms

Le plus souvent	
On forme le **féminin** en ajoutant un e.	le voisin → la voisine

Cas particuliers	
Parfois, on double la consonne finale. Noms en **ier → ière** Noms en **er → ère**	un chien → une chienne un sorcier → une sorcière un berger → une bergère

Le plus souvent	
On forme le **pluriel** en ajoutant un s.	le vélo → les vélos

Cas particuliers	
Noms en **eau → eaux** Noms en **au → aux** Noms en **eu → eux**	un bureau → des bureaux un tuyau → des tuyaux un jeu → des jeux

Le féminin et le pluriel des adjectifs

Le plus souvent	
On forme le **féminin** en ajoutant un e.	un fruit vert → une pomme verte

Cas particuliers	
Parfois, on double la consonne finale. Adjectifs en **eux → euse** Adjectifs en **eur → euse** Adjectifs en **er → ère**	un livre épais → une revue épaisse un chien heureux → une chienne heureuse un garçon menteur → une fille menteuse un paquet léger → une lettre légère

Le plus souvent	
On forme le **pluriel** en ajoutant un s.	un arbre mort → des arbres morts une plante morte → des plantes mortes

Cas particuliers	
Adjectifs en **eau → eaux** Adjectifs en **al → aux**	un nouveau film → des nouveaux films un trait vertical → des traits verticaux

Le présent

> Aujourd'hui, maintenant, en ce moment…

1er groupe (en -er)	Être	Avoir	Aller	Dire
je chante	je suis	j'ai	je vais	je dis
tu chantes	tu es	tu as	tu vas	tu dis
il/elle chante	il/elle est	il/elle a	il/elle va	il/elle dit
nous chantons	nous sommes	nous avons	nous allons	nous disons
vous chantez	vous êtes	vous avez	vous allez	vous dites
ils/elles chantent	ils/elles sont	ils/elles ont	ils/elles vont	ils/elles disent

Faire	Venir	Prendre	Pouvoir	Voir
je fais	je viens	je prends	je peux	je vois
tu fais	tu viens	tu prends	tu peux	tu vois
il/elle fait	il/elle vient	il/elle prend	il/elle peut	il/elle voit
nous faisons	nous venons	nous prenons	nous pouvons	nous voyons
vous faites	vous venez	vous prenez	vous pouvez	vous voyez
ils/elles font	ils/elles viennent	ils/elles prennent	ils/elles peuvent	ils/elles voient

L'imparfait

> Hier, autrefois, l'an dernier…

1er groupe (en -er)	Être	Avoir	Aller	Dire
je parlais	j'étais	j'avais	j'allais	je disais
tu parlais	tu étais	tu avais	tu allais	tu disais
il/elle parlait	il/elle était	il/elle avait	il/elle allait	il/elle disait
nous parlions	nous étions	nous avions	nous allions	nous disions
vous parliez	vous étiez	vous aviez	vous alliez	vous disiez
ils/elles parlaient	ils/elles étaient	ils/elles avaient	ils/elles allaient	ils/elles disaient

Faire	Venir	Prendre	Pouvoir	Voir
je faisais	je venais	je prenais	je pouvais	je voyais
tu faisais	tu venais	tu prenais	tu pouvais	tu voyais
il/elle faisait	il/elle venait	il/elle prenait	il/elle pouvait	il/elle voyait
nous faisions	nous venions	nous prenions	nous pouvions	nous voyions
vous faisiez	vous veniez	vous preniez	vous pouviez	vous voyiez
ils/elles faisaient	ils/elles venaient	ils/elles prenaient	ils/elles pouvaient	ils/elles voyaient

Le futur

Demain, l'année prochaine…

1ᵉʳ groupe (en -er)	Être	Avoir	Aller	Dire
je danserai	je serai	j'aurai	j'irai	je dirai
tu danseras	tu seras	tu auras	tu iras	tu diras
il/elle dansera	il/elle sera	il/elle aura	il/elle ira	il/elle dira
nous danserons	nous serons	nous aurons	nous irons	nous dirons
vous danserez	vous serez	vous aurez	vous irez	vous direz
ils/elles danseront	ils/elles seront	ils/elles auront	ils/elles iront	ils/elles diront

Faire	Venir	Prendre	Pouvoir	Voir
je ferai	je viendrai	je prendrai	je pourrai	je verrai
tu feras	tu viendras	tu prendras	tu pourras	tu verras
il/elle fera	il/elle viendra	il/elle prendra	il/elle pourra	il/elle verra
nous ferons	nous viendrons	nous prendrons	nous pourrons	nous verrons
vous ferez	vous viendrez	vous prendrez	vous pourrez	vous verrez
ils/elles feront	ils/elles viendront	ils/elles prendront	ils/elles pourrront	ils/elles verront

Le passé composé

Il est formé de l'auxiliaire *avoir* au présent (et parfois de l'auxiliaire *être*) suivi du **verbe terminé par é** (pour les verbes en -er).

Verbes du 1ᵉʳ groupe (en -er)	
j'ai parlé	nous avons parlé
tu as parlé	vous avez parlé
il/elle a parlé	ils/elles ont parlé

Les mots de même prononciation

a ou à ?

Il **a** faim.
Il **avait** faim.

Il va **à** Paris.
Il va ~~avait~~ Paris.

sont ou son ?

Ils **sont** en vacances.
Ils **étaient** en vacances.

Il a perdu **son** livre.
Il a perdu **mon** livre.

est ou et ?

Il **est** malade.
Il **était** malade.

Il joue avec Léna **et** Naël.
Il joue avec Léna **et puis/et aussi** Naël.

---

ou ou où ?

Au menu : fromage **ou** dessert.
Au menu : fromage **ou bien** dessert.

Je sais **où** tu habites.
Je sais **à quel endroit** tu habites.

ont ou on ?

Ils **ont** cassé un vase.
Ils **avaient** cassé un vase.

On écoute une histoire drôle.
Il/elle écoute une histoire drôle.